德语文学译丛

Otto
Basil

◆

特拉克尔
Trakl

[德] 奥托·巴西尔 /著
林克 /译

四川人民出版社

图书在版编目（CIP）数据

特拉克尔/（德）奥托·巴西尔著；林克译. —成都：四川人民出版社，2021.8
（德语文学译丛）
ISBN 978－7－220－12325－2

Ⅰ.①特… Ⅱ.①奥… ②林… Ⅲ.①特拉克尔－传记 Ⅳ.①K835.215.6

中国版本图书馆 CIP 数据核字（2021）第 105594 号
Author：Otto Basil
Title：GEORG TRAKL

四川省版权局著作权合同登记号：图[进]21-2019-421

TE LA KE ER
特拉克尔
（德）奥托·巴西尔 著 林 克 译

策划组稿	张春晓
责任编辑	熊 韵
装帧设计	张迪茗
责任校对	吴 玥
责任印制	祝 健
出版发行	四川人民出版社（成都槐树街 2 号）
网 址	http://www.scpph.com
E-mail	scrmcbs@sina.com
新浪微博	@四川人民出版社
微信公众号	四川人民出版社
发行部业务电话	（028）86259624 86259453
防盗版举报电话	（028）86259624
照 排	四川胜翔数码印务设计有限公司
印 刷	四川机投印务有限公司
成品尺寸	143mm×208mm
印 张	6.5
字 数	116 千
版 次	2021 年 8 月第 1 版
印 次	2021 年 8 月第 1 次印刷
书 号	ISBN 978－7－220－12325－2
定 价	49.80 元

目　录 Contents

特拉克尔及特拉克尔研究

我们的时代是一个亚历山大大帝式的时代，一个充满镜子和镜像的时代，一个富有解读想象和参考文献泛滥的时代。在这个时代，有关格奥尔格·特拉克尔（Georg Trakl）的研究资料同样汗牛充栋。他的作品乃是最纯粹的抒情诗，篇幅短小，内容特别单一，大多带有悲观主义色彩，透出一种神话般的、神秘的美。这是一种“彼岸”之美，正是它把读者引入不可测的深渊。单凭这一点，或许便足以解释特拉克尔的创作的魅力。

从他英年早逝到 1964 年 11 月 3 日，已经过去了半个世纪（他若不死，才七十七岁——真是不可思议），而今，在他的坟墓上居然耸立着一座评论文献的金字塔。他是在不明背景下去世的，但是早在 20 年代初期，他的声誉就已经使他昂起头来，并且立刻传扬到德语国家的疆界以外。1917 年，特拉克尔的一卷诗集作为外国先锋作品译成捷克文出版；接着在 1924 年，又出版了捷克文的《梦中的塞巴斯蒂安》，就连德文版也是在作者死后才问世；两年之后，路德维希·封·菲克尔——特拉克尔的赞助人和慈父般的朋友推出了第一部对特拉克尔的回忆录；他的诗歌（选自诗集与刊物）被译成法文、英文、罗马尼亚文并且引起轰动——对这一确实罕见的诗歌现象的轰动。在关于格奥尔格·特拉克尔的抒情诗的博士论文中，恩斯特·拜尔塔尔第一个概括介绍了诗人的生平和影响——先是截止于 1926 年。海因里希·埃勒曼和维尔纳·迈克内希特则是继他之后的传记作者。

倘若特拉克尔不是在二十七岁逝世，他在语言艺术上还能攀登什么样的高峰，这个问题似乎显得多余，就如同询问荷尔德林——特拉克尔与他本性相近——在创作和哲思上最终会取得什么成就，倘若他的精神晚些陷于癫狂。可能产生一个超过《埃利昂》或者超过《帕特默斯》的作品吗？阿尔贝特·埃伦施泰因在一篇悼念特拉克尔的文章里写道：特拉克尔的最后一首诗《格罗德克》与其他诗几乎没有区别，“就崇高的境界而言，他难以更上一层楼”。按照埃伦施泰因的观点，只有晚期散文中所预言的阴郁幻景或可让人预感到一种远大的创作前程。

特拉克尔短暂的生涯显然缺乏外部经历，因此，他的内心体验也就愈加丰富。一进入青春期，巨大的精神冲突便开始在这个生命中抢占地盘。传记家除非亲临心灵的舞台，才能够再现冲突的戏剧性，因为可供报道的有关诗人的剧情主要在那里演变。这里不妨借用一个精神病治疗的术语，称成熟期特拉克尔的生活为一出“心理戏剧”。

特拉克尔的生活与创作作为独特的统一体、作为严格的封闭体系出现，二者所蕴含的占统治地位的心灵要素大概可以说明，为什么特拉克尔研究显示出类似的封闭性①。本世纪几乎找不到第二个这样的诗人，人们从各不相同的立场出发对他做出如此之多的猜测。对于特拉克尔的世界的探索，至关重要的贡献出自神学家、精神病专家和作家。尤其神学家狂热地投入这项工作，仿佛它关系到能否让死者的灵魂逃脱永入地狱的命运。

大致源于传统，对特拉克尔的阐释曾经在某些人士的掌握之中，他们构成了一种信念团体、一个特拉克尔教会——这里并无嘲讽之意。特拉克尔教会拥有由阐释家和评论家组成的僧侣统治集团，它不仅要求对特拉克尔研究的统治地位，而且还要求享有正教的威名，它的评判不容置疑。简而言之，诗人沦为一种十足玄学的文物保护的对象，它有意纯化了他的粗俗肉身的尘世存在

① 封闭性：Hermetismus，指某些诗人或诗派致力于运用只为他们自己所理解的语言和形象来表达思想。——译注。以下未注明者均同。

以及他写作的发病机制，或者试图无比虔诚地将其罩入重重雾中。特拉克尔的画像被这些信徒供奉在他们的教堂，而今如一帧圣像，套着银白色和另一些特拉克尔色彩的光环透过缭绕的香烟俯视我们。

在这样一个说教导师的团体里，自然存在着不同的流派或宗派——是的，宗派，一如我们在有关弗洛伊德和卡尔·克劳斯的文献里所见到的。有些人把新教徒特拉克尔——埃尔泽·拉斯克-许勒说道："他或许就是马丁·路德"——移入笃信的天主教背景；另一些人则强调他的存在与创作中酷似古代僧侣的一面，于是在早期基督教的地下墓穴里，神秘的火炬之光映照着他的肖像。这两种人统一于一个追求，把特拉克尔塑造为信教的人（homo religiosus）——他无疑始终如此——或特别塑造为"基督教之人"（Christenmensch）。

与此相反，马丁·海德格尔（据说他的哲学与这位奥地利人的抒情诗有着精神上的亲缘关系）在比勒赫厄的演讲中（《格奥尔格·特拉克尔诗评》）表示出以下怀疑："特拉克尔的诗歌是否按基督教言说，到哪种程度，在哪种意义上；诗人以哪种方式成为基督教徒；这里以及究竟'基督教的'（Christlich）、'基督教界'（Christenheit）、'基督教信仰'（Christentum）、'基督教性'（Christlichkeit）所指的是什么"——所有这一切都包含着根本的疑问。他接着又讲，此外，探讨特拉克尔的诗歌必须具备一种思维，“对此，无论形而上的神学还是教会神学都是不够的”。这位哲学家试图从语言形象和生存的角度解释或破译特拉克尔最后的诗歌，他继续探讨：“为了评价特拉克尔诗歌的基督教性，首先必须考虑他最后的两首诗《控诉》和《格罗德克》。必须质疑：为什么诗人在这里、在他最终言说之极度困境里并没有呼唤上帝和基督，既然他是一个如此坚定的基督教徒?”是的，这也正是我们的疑问，为什么浮现在他（和我们）眼前的恰恰是他妹妹（格蕾特尔[①]）的蜡像，而不是基督?“无限哀伤的妹妹/看呀，一艘可怕的小船沉没/在星空下/在黑夜沉默的面颊下。”——“妹妹的阴影晃过沉默的树林/去迎接勇士的幽魂，血淋淋的头颅……”我们还是摘录海德格尔的话：“为什么永恒在此叫作‘冰浪’？这是符合基督教的想法吗？这绝对不是符合基督教的绝望。”对，我们要补充，这完全是虚无主义的绝望，是一声发自虚空的震裂人心的嘶喊，是试图摆脱自己的困境：沉迷于虚无——或疯狂——沉迷于妹妹转危为安的存在。“永恒的冰浪/吞噬着人的金像/紫色的躯体/在可怕的暗礁上粉碎/——所有的街道注入黑色的腐烂……巨大的痛苦如今滋养着亡灵的烈焰/尚未

① 格蕾特尔（Gretl）是妹妹格蕾特（Grete）的昵称。

出世的孙辈。”对照表明，这场围绕着一幅普遍适用的特拉克尔画像——纯属狂热而又拙劣的圣像制作——而展开的争执还远未结束。

多亏一位高尚的先生热心帮助，特拉克尔在他生命的最后两年进入了因斯布鲁克半月刊《勃伦纳[①]》（*Der Brenner*，1910—1954）的颇有魅力的圈子，由此可以追溯特拉克尔崇拜中的形而上学特性的部分原因。当时，《勃伦纳》是一份表现主义文学先锋的小型刊物，斗争性强，与《风暴》（*Sturm*）、《行动》（*Aktion*）同属一类，其创始人和出版人正是那位心胸开阔的路德维希·封·菲克尔，他首先发表了特拉克尔最重要的诗歌。与那两份刊物不同，《勃伦纳》虽然出自奥地利最反动的天主教的偏远省份，却把目标瞄向欧洲大陆，因此它的声音具有一种独特的力量（同时由于在卡尔·克劳斯的影响下，与大城市的刊物比较，它对当时既丧失又剥夺灵魂的技术文明的弃绝表达得更尖锐、更坚定），此外，它还找到一位同路人——诗人哲学家和道家翻译者卡尔·达拉戈，一位为一种具有伦理革命倾向的基督教而斗争的狂热斗士，也是以罗马教会为首的、传统的、世俗化的教会基督教的死敌。据说，正是他使特拉克尔熟悉了克尔凯郭尔

① 阿尔卑斯山的一个山口，位于奥地利与意大利之间。此处为刊物名。

的文章。

第一次世界大战结束之后（1919），特拉克尔已经去世几年，大战期间自动停刊的《勃伦纳》转变为一种信仰及斗争刊物，单纯致力于澄清宗教哲学和存在上的问题（早在发明“存在主义”这一时髦词藻之前），需要说明，新的精神和内容在 1915 年的《勃伦纳》年鉴里已经初露端倪；尽管文学经过严格筛选并瞄向新的目标，它仍然处于无足轻重的地位。从这时起，《勃伦纳》所依靠的精神支柱是克尔凯郭尔、卡迪纳尔·纽曼（Kardinal Newman）和柏格森，主要成员有卡尔·达拉戈、特奥多尔·黑克尔、费迪南德·埃布纳、保拉·施利尔、安东·桑泰和约瑟夫·莱特格布。刊物只在基督教的光照之内探讨现代人的存在问题，这意味着它走上了一条对未来的特拉克尔评论应该有决定性影响的道路。这是必然结果。就诗人与存在的整个关系而言，他的意义——他那种极度被遗弃——既然当初仅仅为《勃伦纳》圈子所认识，那么，理应从这个圈子产生最早的特拉克尔评论家；对特拉克尔的真正护理在它的怀抱里率先进行，在此，与马克斯·布洛德在卡夫卡的发现与阐释中所处的地位一样，路德维希·封·菲克尔当之无愧地占有决定性地位。

按照勒克的编订，特拉克尔的末期作品大致从散文诗《恶之转化》算起，它位于《死亡七唱》组诗这个部分的开头。这个时期的作品向我们展示出隐秘的情欲和掩藏的最终状态；它们确实是终结状态的产物。这里，意象和象意①还描绘甚至用魔法召来“骇人听闻的”、死亡恐惧的经历。从晚期创作的巅峰一眼望去，先前的一切变为单纯的序幕、忧伤之前奏曲。如今，不得不言说那最终的和最高的，诗人登上一片冰封的高原，那里零散耸立着荒凉的绝壁。早年惊恐的浅吟轻唱变成了悲壮坚忍的沉思曲，从管风琴的高音降下，或者从教堂的地下墓穴升起。结构的变化同时带来风格的变化，后者在《诗篇》《埃利昂》和几首《埃利斯》诗章中已有预兆：巴洛克风格将转向哥特风格，确切地讲：将变成哥特风格。

特拉克尔无疑是一个宗教上的梦幻者和空想家。但他也是一个有吸毒癖的心理病人，耽于狂喝滥饮。哲学家和神学家甚至根本不愿意过问他的病情，尽管这注定是“找死的病”。与此相反，传记作家却热衷于在他身上搜寻灵与肉的严重失衡（灾难的源头）、迷惘、罪孽和恶魔的驱遣；他们对诸如此类的兴趣胜过对形而上的意识的兴趣，后者终将消散，化作无法证实的空想。凡是涉及特拉克尔的宗教经历的，我们将依据他的言辞在他本人那

---

① 象意：Bildsinn，作品形象的含义。

里寻求答案；别人对这一题目的猜测和预断，我们知之甚少。

瓦尔特·穆施克在《悲剧性的文学史》中谈到“特拉克尔无法逃避下地狱的归宿”，他的结论是：“……他自己沉沦于恶之诅咒。酗酒、吸毒、癫狂、性的惩罚都摧残着他。就连爱情对他也是一种腐烂的形式，自从与妹妹乱伦之后，腐烂就作为无法逃避的罪过意识追逼着他。从堕落并渴望纯洁的这一深渊升起了他的诗歌的单调的音乐。”穆施克在别处写道：“对他［卡夫卡］① 和对特拉克尔，性都是阴险的魔术、龌龊的肉体淫乱、绝对阻碍救赎的陷阱。”苏黎世的日耳曼学家埃米尔·施泰格也在一篇报告里努力揭示特拉克尔创作的病根，在对特拉克尔世界的现实的、客观的解释与形而上的、蒙昧主义的解释之间，他明确地偏重前者。施泰格反对格拉克尔教会代表所持的观点，他们认为，真正的秘密恰好隐藏在我们探入特拉克尔世界所能达到的界限之后。这个界限，施泰格说，延伸于再也不可告知的孤独开始之处；而不可告知的孤独即是疯狂，对它寻根究底并非我们的职责。

因此，这本传记一开始便提出了以下问题：特拉克尔的作品是一个诗歌奥秘吗？这个奥秘是否仅仅昭示给有神学修养的目光，或者很少披露给——极端地讲——临床的目光？他对死亡的

① 方括号里的内容为本书作者所加。

严肃态度化作语言形象并透出一种美，这种美是可以破译的吗？谁持有破译的钥匙？

特拉克尔的想象就其象征内涵的封闭性而言可与童话或神话比拟，然而它们体现了一个有独特个性的人的内在命运，因此显示出整个个性发展的关联，并且几乎呈现出一个神经官能症系统的理想图像；在此，这个系统主要由两个事实构成：天才和少年时代的性罪孽。

天才的病因与自我中心本性的病因一贯是连接的。按照奥托·魏宁格尔的观点（战后的《勃伦纳》数次称他具有基督教的深思），这位天才人物自觉层次较高，因此有着强烈的自我意识；他生活在与整个世界的自觉的关联中，或者他想象如此。这大致规定了他对周围环境非同寻常的（过高估价的）关系和态度。

然而，特拉克尔不仅对生活、环境、社会有着更自觉的关系，对死亡同样如此。中期以后，他的思想和创作环绕死亡之威严旋转，如同环绕一个黑色的核心太阳——命运女神（Ananke）。特拉克尔对待死亡的态度表现为恐惧神经官能症，但是在他尊崇的伟大的斯多葛派思想中变得纯净。这种态度与其作品明显的支离破碎、光怪陆离（柏格森所谓“精神的投影过程”大概与此相合）、作品祷告词一般的单调以及病态的超凡脱俗的光环，大概都可以从早在童年与环境的不正常关系中获得解释。可以相信，特拉克尔并未意识到这种联结他的自我与外界的过高估价的关系，这就说明他对人际交往时的傲慢很陌生，如后来的同路人证实，他对社会下层表示理解和友好。他的青年朋友艾哈德·布施贝克讲道，特拉克尔很早就开始孜孜不倦地阅读陀思妥耶夫斯基，并且很快熟悉了他。后者对周围环境取类似态度，而且赋予他的一些小说人物以相近的特征，例如米什金侯爵。总之，特拉克尔看来大致或完全了解陀思妥耶夫斯基笔下的几个人物，譬如拉斯科利尼科夫、伊万·卡拉玛索夫，尤其沙托夫，甚至还包括斯塔夫罗金和基里洛夫。据汉斯·利姆巴赫报道，特拉克尔谈到卡拉玛索夫兄弟中最小的阿辽沙时"深怀感动"。这些人物几乎全有神经官能症，被逼入一种特殊的恐惧关系或依附关系［可以定义为"畏神"（Gottesfurcht）］，受到精神病的严重威胁，他们对死亡已有一种"亲密"关系，无人例外，但是因人而异，他们（包括基里洛夫）畏惧死亡远甚于所谓正常人。他们地地道道的悲剧显而易见，令人震惊。我们眼前不乏古典意义的悲剧人物，其中之一便是特拉克尔，一个十足的[①]悲剧人物。在他身上，生的恐惧和死的畏惧不仅表现为一种给所有重要的生活领域投下浓重阴影的忧郁（悲观主义、自我谴责、绝望、行动障碍），而且

① 十足的：mit Leib und Seele，原文一语双关，字面意义为"肉体和灵魂上的"。

在琐事上、在现实的和极其“实际”的反应上也能感觉到他的恐惧；例如，在写给阿道夫·洛斯的一封信中，“他担心有朝一日在假死状态下被人埋葬，因此，在这种情况下，他希望在他尸体上给心口捅一刀”。（菲克尔转述）

这位狂郁的天才所体验的死亡确定性（Todesgewißheit）比普通神经官能症患者可怕得多，也可怕得不一样。对于后者，死亡确定性通常只是以突发病的方式、在犯疑病阵发时表现为忧虑、威胁和厄运。特拉克尔是否确有死亡癖，对他做出的心理学和哲学上的解释（瓦尔特·里泽、埃娃·弗尔克、特奥菲尔和特奥多尔·施珀里、海因里希·戈尔德曼等）不排除这种可能，但是绝不可以轻易肯定；他的一生的确不乏“半当真的自杀尝试”，作为药剂师特拉克尔知道需要服用多大剂量的吗啡、佛罗那、氯仿、鸦片、可卡因（以及墨斯卡灵?），以便让自己交替达到沉醉的深渊和精神惬意的亢奋高峰，或者像特奥多尔·施珀里所描写的那样，在生死间的刀锋上平衡，“并不明确企求任何一方，但是为双方创造可能性”。穆施克也有类似表述：“总之，特拉克尔吸毒有很多意图：改变他的知觉状态，遗忘他那些充满痛苦的幻觉，有意识的自我毁灭”。

我们可以在特拉克尔身上发现淤积的情感抑郁，它由强烈的负罪感和未曾满足的苦行要求引起，经过从天才受造物的死亡畏惧到预言整个时代没落的强化和过度强化。虽然他的负罪感和苦行要求与卡夫卡的不同，并未发展成一个想象中的自我惩罚体系，一座挖空心思想出的惩罚幻觉的迷宫，它们却给特拉克尔青春期后的生活打上了深深的烙印。这里，罪过和赎罪要求都出自性的陷阱。

特拉克尔经历了乱伦的结合，受害者是他的小妹玛加丽特，昵称格蕾特尔，她与他内在、外在甚至长相都十分相像。“淫欲，当他在绿茵茵的夏园强暴沉默的孩子，在孩子闪光的脸上认出自己癫狂的面孔。”在传记范围内，既不允许把这种关系戏剧化，也不允许使它成为特拉克尔的世界围绕旋转的唯一枢点。同时，人们也不得以形而上学的方式将其掩盖或试图化为乌有，譬如附和爱德华特·拉赫曼博士的说法，他对施珀里的特拉克尔研究（《格奥尔格·特拉克尔，人格和作品中的结构》）评论如下：“意外的乱伦对特拉克尔的创作无关紧要。特拉克尔的负罪感并非主要在于个人的罪过，两性的相互关系被感觉为脱离上帝，这是人类在伊甸园犯下的原罪，回归无罪状态的希望与单性①的希望联系在一起，即取消两性……”这里提出的有关特拉克尔和原罪（peccatum protoparentum）的言论大概引自某一本天主教教义学

① 单性：ein Geschlecht，与两性相对，指人类以“一性”存在。

手册。《圣经》的想法遍布于特拉克尔的图像世界，这与他童年的宗教教育、家庭气氛和路德《圣经》[①] 的语言魅力相关。拉赫曼所强调的诗人对单性的希望：“一个欣喜的少年/妹妹出现……恋人欣喜地撩起银色的眼睑：单性……”很早就被诠释为两性人型[②]（拜尔塔尔，1926），这同样给人不合情理的感觉。总而言之：特拉克尔的过失与“原罪”无关，与形而上学更无半点瓜葛。

人们怀着畏怯的心情步入特拉克尔心灵最隐私的区域，这不无道理。然而厌恶在此纯属多余，因为天才信奉其他法则，而非市民阶层早已千疮百孔的性戒律。道德上的反应恐怕是不容许的，只要考虑到这种激情的强制实属命中注定。另一方面，当科学家努力发掘特拉克尔的激情这个根源时，可能谈不上什么“登峰造极的暴露”、“对创造性的人剖腹挖心”（伊格纳茨·灿格勒）。尽管特拉克尔在维也纳时期引诱他妹妹吸毒，给她带来严重伤害，但是从天性来讲，她本身便是一个动摇的、被追逐的人，一个半狂人，半天才，蔑视市民道德，在性关系上似乎更主动。在特拉克尔的作品里，她以牺牲者、偶像，以完美、神圣但

---

① 马丁·路德将《圣经》译成德文，文字优美，对标准德语的形成产生了决定影响。

② 两性人型：Hermaphrodismus，也与通常的两性相对应，指人身兼两性。

又深不可测的形象出现在我们的眼前，她可能带来拯救。根据我们知道的情况，事实大不一样：真实的妹妹是一幅格奥尔格的漫画，埃尔温·马尔霍尔德——我们多亏他才有了最早而且出色的特拉克尔评传之一（1924）——说得颇有道理："特拉克尔把她看成自己的映象，只是完全变为动摇的女性：因此，当她浮现在镜面上，他大吃一惊，或者当她——一个狂热的魔鬼出现在他的秋天里，他心醉神迷。"

可以猜测，特拉克尔与格蕾特的关系一直追溯到遥远的早年，"……他有时回忆起他的童年……星星园里讳莫如深的游戏……妹妹瘦削的身影步出蓝色的镜面，他像死去一般坠入黑暗……"所以，事情并非像精神病专家所估计的那样发生在青春期内或青春期后。由此可以解释故作幼稚的这整个情结：厌恶（因为过早的或暴力的结合）、羞耻、害怕被发现、唯恐遭蔑视和惩罚，该情结在成熟期仍然阈下地决定着特拉克尔的创作，只不过随后他的创作被转向总体的、普遍的东西以及预言，并且由性（sexus）转移到种属上（genus 或 generatio）。属于上述之列的当然还有负罪感，干了违禁、"反常"之事，并且不得不继续干下去。我们发现特拉克尔独特的观念世界充斥着令人恶心的事物或画面，而且反复出现："……在蛤蟆池里……老鼠……浅灰色的雾气……腐烂……血迹斑斑的亚麻布……麻风病人……下水道忽然喷出肥厚的血块……充满龌龊和痂斑……虫子滴落……沾满垃圾……沾满污秽的毛发……脏水里漂浮着腐烂物……她的毛发满是粪便和虫子……老鼠在垃圾里翻刨……沾满粪土的衣裳……麻风泛着银光生长……腐烂的人……肥鼠啮咬”，等等，这里描写的肮脏的令人作呕的事物让人想到某些巴洛克诗人，或想到兰波吐露污言秽语的癖好，但是，描写它们决不是刻意强调，像儿童那样，也不含任何淫荡之意，如同未成熟时或低能儿的表现；相反：这样做带有某种“神圣的羞怯”，标示物质的堕落，在特拉克尔的早期诗歌里，不纯净之物的堆砌常常只是颓废的写意画，是与腐朽调情，而到了成熟期和晚期创作，可怕的真实之气息正是通过这种描写令我们震撼。

被诅咒的种族

传记作家一致认为，就外部而言，特拉克尔在童年受到很好的照管。他弟弟弗里茨也在一次采访中证实："我们的境况不错；我们有一套宽敞的住宅，生活舒适自如，那种阔绰今天无法想象。"

童年对于特拉克尔本人意味着女性和母性的庇护："……宁静的童年一度/栖居在蓝色的洞穴。"洞穴——栖居的洞穴是母亲的下腹和家庭的怀抱。（人类总是不自觉地把女人和洞穴联想在一起，因此母亲神通常被敬奉于洞穴或岩洞之中。）幼子弗里茨对母亲的评价如下："我们当时非常依恋那位法国家庭女教师和我们的父亲。母亲关心她的古董收藏更甚于我们。她是一个矜持和内向的女人；她也尽力关怀我们，但是缺少温暖。她觉得自己既不被她的丈夫和孩子理解，也不被整个世界理解。只有当她独自与她的收藏在一起时，她才无比快乐，所以她成天关在自己的房间里。”

尽管家庭生活状况如此“阔绰”，可是敏感而警觉的小格奥尔格似乎很早就感觉到这种优裕的生活已经显露出危机的预兆，或者说值得怀疑，这一点至少可以从后来的一些忆旧诗篇中看出。诚然，在布施贝克 1939 年编辑的早年诗集中还收有一首题为《忆童年》的诗，其中不乏明快沉思的印象，在成熟岁月的抒情诗中，童年也不时被感受为“柔和的歌声、幽暗的寂静、开端金色的眼睛”，被感受为“水晶一般”或“圣洁的蓝光”。与此同时，阴郁、压抑的童年印象却比比皆是，在这些印象中，诗人抚今追昔，他难堪的生存境遇恐怕难免给那些遥远的往事投下一层阴影：“哦，这傍晚正步入童年阴暗的村庄”，这是《玫瑰花环歌》中的吟唱，即使在《童年》这样一首深深眠息于自身之中、回荡着温柔的声音的诗中，虽然心灵想起“暗金色的春日”，也同样会突然浮现“阴暗的小村庄”。在另一首诗中（《西方》），特拉克尔谈到“我们悲伤的童年”的甜蜜；在《梦魇与癫狂》这篇幻景般的散文中，他回忆“他的童年，充满病痛、惊悸和阴暗”；在《人间地狱》一诗中甚至可以读到这样的诗行：“……以嶙峋的手掌/不详的童年在蓝光之中/摸索童话”；在 1914 年的剧本断片中，诗人让约翰娜（格蕾特尔）说道：“你们——被糟蹋的童年之梦在我眦裂的双目中玩什么把戏。”

但是，淹没这一切的却是这个男童阴郁的哀怨：“没有人爱过他。”

1887 年 2 月 3 日格奥尔格·特拉克尔出生于萨尔茨堡，他是托比亚斯和玛丽亚·特拉克尔夫妇的第四个孩子。在他前面的是古斯塔夫、玛丽亚和米娜（米亚）。

接生是在瓦克广场 2 号的住宅里，这幢房子被称为“管家楼”。五天之后，婴儿受洗于萨尔察赫一克魏旁边的福音新教教堂，即现在的“福音新教基督教堂”。受洗者按照他教母的丈夫、萨尔茨堡的奥匈帝国宫廷珠宝商格奥尔格·贝克的名字——也可能是按照他祖父的名字——取了格奥尔格这个单名。

父亲托比亚斯·特拉克尔是奥格斯堡教派的新教徒，母亲则是天主教徒，娘家姓哈利克（Halik——正确的书写：Halick）。根据目前唯一活着的家庭成员、格奥尔格的大姐玛丽亚·盖佩尔的说法，母亲“很可能”直到临终都信罗马天主教；1925 年 10 月，她按天主教仪式葬于萨尔茨堡。与此相反，弗里德里希·特拉克尔少校在前面提到的采访中声称：“……我母亲出生于布拉格一个天主教家庭，结婚之后改信新教。”转教一事想必进行得极为隐秘，玛丽亚·盖佩尔太太补充了一句。在 1897 年填发的格奥尔格的第二份洗礼证书上，母亲仍然被登记为信仰罗马天主教，证明书由格奥尔格的宗教老师海因里希·G. 奥米勒牧师签署；没有注明她在此期间改变了她的宗教信仰。两个孩子对母亲的宗教派别做出了不大确定的相互矛盾的陈述，这一事实足以说明特拉克尔—哈利克夫人在家庭中的地位。

托比亚斯·特拉克尔，正如格奥尔格的洗礼证书上的记载："欧登堡的商人"，籍贯肖普朗（或欧登堡），该城是匈牙利西部同名行政区的首府，最初迁往维也纳新城，以后移居萨尔茨堡。欧登堡也是他的出生地，他生于 1837 年 7 月 11 日。他的先辈是乌尔姆地区的多瑙河施瓦本人，大概随施瓦本移民大军来到匈牙利，最初在巴纳特，这些移民是由玛丽亚·特雷西亚为了向王室的领地殖民而征集入境的。特拉克尔（Trakl）并非典型的施瓦本姓氏；托比亚斯的父亲（生于 1795 年）还用 Georg Trackel 这个名字，诗人在其唐璜剧本的扉页上采用了这个名字更早的写法"Trackl"。后来的写法"Trakl"简化了发音，也可能把原姓奥地利化了，估计它出自托比亚斯，但是无疑已经合法化。

托比亚斯·特拉克尔继承他父亲的职业做了商人。他在肖普朗就结了婚，但随即更换了居住地。关于他的第一个妻子我们别无所知，只知道她在维也纳新城（下奥地利王室的世袭领地）为他生了一个儿子，取名威廉。托比亚斯·特拉克尔早年丧妻，他在维也纳新城再次娶亲，儿子威廉跟随着他，以后会对格奥尔格及整个家庭产生一定的影响。第二个妻子即玛丽亚·哈利克，捷克血统，1852 年 5 月 17 日出生在维也纳新城。她父亲来自布拉格，以工厂公务员为职业。托比亚斯·特拉克尔和玛丽亚·哈利克的婚姻缔结于七十年代末期。

这对夫妇移居萨尔茨堡。是什么原因促使父亲特拉克尔告别了晴朗的匈牙利西部，先是迁往下奥地利，然后来到萨尔茨堡州，已无记载可查，但做出这些决定的主要原因大概是职业上的考虑。他在萨尔茨堡商界很快赢得受人尊重的名声，并且创立了我们所知道的那种富裕生活。

夫妇俩先住在施瓦茨街，临近莫扎特音乐学院，古斯塔夫（1880—1944）就出生在那里。一年后，他们迁入一套更宽敞的住宅，面对城市大桥靠近普拉茨尔的一幢拐角旧楼，那里是玛丽亚的出生地（1882）。1883 年秋天，全家迁至已经提到过的“管家楼”，地处瓦克广场 2 号，应该是米娜（1884—1950）和格奥尔格出生的地方。

1893 年，托比亚斯·特拉克尔买下了“管家楼”对面瓦克广场 3 号那幢楼房，在那里开了一家规模不小的铁器店。随后几年，商号生意兴隆，其商业信誉众口皆碑，它在那里一直维持到 1913 年。商店正面靠近莫扎特广场；当时的铺面如今已被辟为“钟乐”咖啡馆。房子的正门开在靠瓦克广场侧面的拐角处，里面是货栈。

特拉克尔一家住进了舒适的新居。他们占据了宽大的二楼，一排十多间正房，正房还另有套间；窗户对着美丽的城市广场：莫扎特广场、市府广场和瓦克广场。虽然格奥尔格与弟弟弗里茨住在一起，但他后来上文科中学时就有了一间自己的（单窗）小房间，可以避开他人。特拉克尔在这幢房子里与六个兄弟姐妹度过了他的童年和少年时代，在他后面还有弗里茨（1889—1957）和格蕾特尔（1892—1917），他的同父异母哥哥威廉也住在这里。

一般把托比亚斯·特拉克尔描述为性情平和，属于老好人，具有悠闲的生活情趣。“他本质忠厚善良”，这是一个熟人对他的评语，特奥多尔·施珀里在深入调查的基础上做出的评价不无道理：父亲特拉克尔对生活的要求，“除了职业上的成功之外，不外乎在咖啡馆玩玩杜洛克[①]或晚间饮上一杯葡萄酒”。托比亚斯·特拉克尔是一个小市民，他靠勤奋、能干和命运的垂青跨入了大资产者的圈子。他自己继续心满意足地过着小市民的生活，然而他的家人完全接受了大资产者的生活模式。一个商人和房产占有者有能力为后代招聘保姆、用人和家庭女教师，并且承担他们后来在国外上学的昂贵费用，他的夫人虽然管理家务，却对自己的

① 一种纸牌游戏。

收藏更为热心，这种人在世纪更替时的奥地利按照公众的观念应当属于大资产阶级。

家庭财政由父亲做主，似乎不曾发生明显的摩擦。几乎从未有过严重的经济危机，要么是给掩盖了。弗里茨·特拉克尔说，虽然父母“德高望重，具有无限权威”，但是家庭的气氛并不十分严肃。“我父亲是一个和蔼的人，他的好脾气在奥地利人身上难得见到。”那位前皇家步兵少校自豪地说，“我们的父亲是奥匈帝国人。家里以黑黄二色[①]居统治地位。”这个家庭家境富裕，享有名望，忠于皇帝，宗教观念温和（两种基督教信仰共处!），居住的城市是这个王朝最美丽的城市之一——这些就是诗人特拉克尔成长的背景。

埃尔温·马尔霍尔德在其特拉克尔研究中把格奥尔格的父亲描写为诚实的施瓦本人，种族意识强烈，“富有德意志人的诚挚品质和对故乡的眷恋之情，从他的面容上就可以看出某种平和、善良、淡泊的性情”。沃尔夫冈·施内迪茨表达了类似的印象，他在打量托比亚斯·特拉克尔的一张照片时写道：“在一张老人的照片上，父亲的面容、那细眯眯的眼睛和一缕缕下垂的长髯不由令人联想起一位中国的智者。”特拉克尔父系的祖先带有马札

---

① 当是奥匈帝国国旗的颜色。

尔血统，这并非没有可能，于是我们可以猜测，格奥尔格·特拉克尔其实是施瓦本人和马札尔人的混血儿。这一直觉不仅通过他的相貌，而且更多地通过他的整个个性、他独特的诗歌天赋以及他一生中躁动不安的总体情绪获得证实。只要观察一下他父系的先辈，就似乎可以说在他身上糅合了尤斯蒂努斯·克尔讷和尼古劳斯·莱瑙的气质。特拉克尔的抒情诗与这两位感伤诗人——一位施瓦本人和一位德意志族匈牙利人——那种本性和创作在病态的层面上有某些共同之处。

格奥尔格的情绪不稳定，火山爆发般摆动于极端之间，如果能够从中得出一幅统一的图像，他大概对父亲怀有一种外人难以觉察的强烈的敬意。他感到父亲对他的吸引力比母亲更大，他与父亲本性相近。正如母亲、姐妹、家人一再浮现在他的幻觉的朦胧镜像中，变为无名的梦幻人物或引起梦幻的人物，父亲也总是插入这个神奇的幻象世界。在特拉克尔的概念中，“寂静”和“坚硬”与父亲的“蜡像”相联系。“寂静”意味着儿子在父亲的家中受到保佑，“坚硬”则暗示父亲的男性气质、优越感和在生活中的主宰地位。完全不同于卡夫卡的概念，在他的地狱中父亲是一个审判和惩罚的机构，可是在特拉克尔的诗中，父亲在亲切友好的柔光里神采奕奕，他是一个善良的神，一个守护神。对后者，父亲意味着公正和尺度；对前者则意味着审判权和过度。

《梦中的塞巴斯蒂安》里提到“父亲的寂静”；其中还写道：“或者当他［男童］牵着父亲坚硬的手/默默爬上幽暗的各各他[1]。”在《梦魇与癫狂》的幻景中出现了这样的句子：“一个盲人，父亲严厉的声音铿然响起并召来恐惧……哦，当父亲隐入黑暗，家多么寂静呀。”

托比亚斯·特拉克尔的讣告上写着：商人，房产占有者和萨尔茨堡市民，短期患病后死于1910年7月18日。格奥尔格当时23岁。尸体两天后运往乌尔姆火化。父亲的死也许事前就被不安地预感到了，它使诗人心生震动；只要父亲活着，他就一直驱逐恐怖——如今，儿子发现在越来越孤立和可怕的生活中失去了最牢固的可尊敬的支柱。《启示与没落》中言道：“那一刻，我随父亲之死做了白色的儿子。”

前面讲过，特拉克尔的母亲玛丽亚·哈利克生于王室的世袭领地波希米亚，她的祖父和祖母还是“金色城市”布拉格的市民。玛丽亚的父亲由布拉格迁往下奥地利的维也纳新城，在那里接受了工厂公务员的职位；玛丽亚·哈利克在王朝的一个德语省的环境里长大，而且跟她将来的丈夫一样居住在首都附近。哈利克是一个捷克姓。玛丽亚·哈利克的母亲和祖母的娘家姓——肖

① 耶路撒冷城外的小山，据《圣经》记载，耶稣在该地被钉上十字架。

特和奥特马尔表明哈利克家族曾经与德意志族波希米亚人通婚，这在布拉格的双民族传统中屡见不鲜。玛丽亚·哈利克的母亲安娜·哈利克，即那位娘家姓为肖特的女人长年住在萨尔茨堡特拉克尔家中，据说她因晚年中风变得迟钝。特拉克尔很少在诗中想起这位安静的老太太。“祖母点燃金色的蜡烛”（《途中》）和“两个月亮/僵硬的老妪目光如炬”（《诞生》）或许是老太太给他留下的记忆的痕迹。

考虑到格奥尔格的母亲的捷克—苏台德祖先和父亲的施瓦本—匈牙利祖先，诗人应该是一个混血儿，这种混血现象在多民族杂居的哈布斯堡帝国并不罕见。民族混杂带来了不和谐与普遍的紧张心理，二者确实在特拉克尔的精神和面目上有所反映，一旦政治时机来临，它们就会导致帝国的崩溃。此外还有环境的影响，即一个奢华的城市衰败时不堪回首的情绪。帝国的晚秋在环绕门希山那座美丽而又古老的城市的悲秋文化中找到了知音。

与她丈夫比较，玛丽亚·哈利克是一个更有意思的人物，因为她更值得研究——自然是取否定的意义。可以理解，弗里茨·特拉克尔在回忆中出于孝敬而对母亲持保护态度，我们从中获悉，她很少关心她的六个孩子和继子，似乎她认为完成生育后自己已经尽到本分。她独自生活，很少与家人分享生活的乐趣，孩子们对此的感受远远深于专心经商、无暇旁顾的父亲。尤其是过度敏感的格奥尔格，他必定对家庭生活的阴影有着痛苦的体验。母亲丢弃了他和其他孩子，他在想象的母亲们身上，尤其在家庭女教师——一个阿尔萨斯女人身上，以及后来青春期时在女仆和妓女那里寻找母亲，家庭女教师对格奥尔格的影响不可低估。特拉克尔正是在那个时期与朋友结伙定期逛窑子，他挑选年纪最大的妓女（她和她在诗中的肖像我们还会谈到），按照施珀里的观点，这一举动同样“出于对母亲的渴慕，与此同时对母亲的贬低暴露无遗”。

玛丽亚·哈利克有着高雅的嗜好，前面已经提到，她收藏古董，干这一行颇有艺术鉴赏力，并培养了高度的悟性。她以自己的爱好消遣，她的房间里塞满了巴洛克家具、稀有的玻璃器皿和珍贵的瓷器。虽然她自己不会乐器，但她颇有音乐素养，非常严格地监督孩子们的音乐教育，除威廉之外，其他孩子都学习钢琴。她整天关在自己琳琅满目的小天地里，然后突然出现，以便维持与家人的正常交往。“我们大家对此有些不愉快，因为她的热情持续的时间越长久，不准我们进入的房间就越多。”（弗里茨·特拉克尔）

由此看来，哈利克太太是一位特殊的女性，一位有主见、有城府的女人，缺少母性的光彩，但是艺术修养极深。精神病学的研究者会把她归入冲动—反复无常的性格类型。特奥多尔·施珀里强调指出以下事实，除了格蕾特尔，她没有给她的任何孩子哺乳。据说没有给孩子哺乳对格奥尔格和格蕾特尔毒瘾的形成颇有影响。倘若这一理由成立，那么格蕾特尔作为唯一由母亲喂养的孩子应该经得住吸毒的诱惑，然而她却没有抵制住这一恶习。

格奥尔格对母亲的感情可以简单地归纳为一个词：恨爱交加。孩提时代他欣赏她。在美学、也许甚至在创造方面，她好像对他有重大影响；总之是她为这个家庭创造了文雅的艺术气氛。她深情地照料那些伟大的工艺美术时代的珍贵物品，以艺术行家的品味把它们陈列起来，最初的工业革命衍生了批量生产与空洞的形式，衍生了技术传奇范畴的标准，在这种氛围里，大概正是那些珍贵物品不仅培养了他的鉴赏力，而且激发了他对“规范”和“法则”的渴求，这种渴求后来督促他不厌其烦地修改他的作品。通过观赏那些华美、宁静的物品，那一种种和谐，那些往昔的形式——他可以连续几小时、几天地沉思往昔——他的本质逐渐定型，即自觉地倾慕一切宁静的事物，这是一个将要持续数年的发展过程，直到童年结束之后才变得明显。布施贝克为特拉克尔而作的挽歌（1917）有这样的诗句：“男童的心中有恨醒来……对可爱的宁静之物的不断变化。”格奥尔格在母亲那里没有找到的宁静和庇护，他在她的收藏中寻找并且找到了。

由渴望母性产生的异化在他那里转变为充满痛苦的寒冷画面

和恐怖画面。小特拉克尔不害怕父亲，可是母亲的目光常常令他胆怯；是的，对于特拉克尔，母亲的形象仿佛等同于卡夫卡心目中父亲的“蜡像”。譬如，有两行诗把母亲身上透出的寒冷与坟地联系起来：“或者当他牵着母亲冰凉的手/夜里穿过圣彼得秋天的墓园。”《诞生》中“母亲的寂静”是一种可怕的寂静，它与《梦中的塞巴斯蒂安》所描写的“父亲的寂静”迥然不同。面对“母亲哀怨的形象”，他心惊胆战，自觉有罪，瑟缩地退避。唯有母亲知道他的情欲和罪孽：“但他在阴暗的洞穴里挨过他的白日，欺骗、逃避、隐藏自己，一只燃烧的狼，面对母亲白色的面孔。”在同一首诗中（《梦魇与癫狂》），浮现出一张同样可能在爱伦·坡的小说《厄舍一家的衰落》中浮现的面孔：“妇人的长裙发出蓝色的窸窣声，他随之凝固成石柱，门框里停立着母亲朦胧的身影。”一幅心中有鬼的幻景！他觉得他的罪孽如此不可饶恕，以至于“面包在母亲痛苦的手中变成石头”。

母亲在诗的哈哈镜中代表某种不可侵犯的超越个体的东西：良知；她（自己也作为受害者）是一个娜美西丝①，现身为复仇女神、鸟身女妖。当他以他的方式——残忍的攻击——抵抗复仇天使时，这完全符合我们不得不为这个身负罪孽的人绘制的肖

① 希腊神话中的复仇女神。

像：他曾经向他的朋友路德维希·封·菲克尔承认，他有时对母亲刻骨仇恨，几欲亲手将她杀死。（见伊尔莎·德默尔关于特拉克尔的博士论文，1933）

但是也有这样的时候，他心中突然萌发出一种对母亲真挚的关切，比如在1913年1月，玛丽亚·哈利克已经孀居两年半时，他给布施贝克写过一封信，信中除了流露出极度的沮丧之外，还这样写道："告诉我，亲爱的，是不是我母亲为我烦恼万分。"大概同年夏天（信中没有署日期），他告诉菲克尔："已经发生的事情迫使我母亲关闭萨尔茨堡的商店，遣散家里的闲杂人员，在这种前景暗淡的困难时刻，我觉得离开母亲的家未免太轻率。"

这里，仿佛有一线微弱的光亮摸索着穿过一个失落的灵魂的晦暗云层。

恰如格奥尔格·特拉克尔亲眼目睹以及在他的诗中以丰富的形象所描绘的，萨尔茨堡是一座具有浪漫色彩的衰颓的城市，宁静、悠闲、虔诚，沉湎于对辉煌的过去的回忆。除了罗马天主教会，其世俗权力以庄严雄伟的教堂和宫殿引人注目，其他一切均属国家所有，这一点赋予该城以独特的韵味。穿着华丽的军官被人们善意地谑称为"漂亮的家伙"，他们聚会于市区的咖啡馆，每逢星期日，在托马塞利小亭和教堂广场之间的宽阔美丽的林荫大道上到处是他们的身影；当时在各家小歌剧院经常咏叹的军装的魅力也在萨尔察赫河畔令不少市民的闺女神魂颠倒，这固然使军官先生们飘飘然，但是，他们往往必须通过与上等市民阶层和商界显贵联姻，才有钱财挥霍，所以并不奇怪，该城的皇家一国家气氛后来同样促使特拉克尔家的一个成员即 1889 年出生的弗里茨选择了从军之路。

表面看来，处于黄金时代的社会——在奥匈帝国也称为“金黄色的烤仔鸡时代”——呈现出一派不可动摇的升平景象。在那个声名狼藉的黑色星期五（1873 年 3 月 9 日），由于维也纳交易所里疯狂的投机导致股票行情无止境的暴跌，如今它不过作为昔日的创伤供人们饭后闲谈。当时的恐慌席卷了经济繁荣、似乎坚不可摧的王朝的整片国土，银行倒闭，商行破产，自杀，离婚，社会丑闻以及各种各样的刑事犯罪，这一切人们已经忘到九霄云外。生意兴旺，“好日子，大家过”这句费阿克的箴言不仅在萨尔察赫河畔，而且不管走到哪里都能听见。

可是天空阴云密布，尽管在币制改为克朗之后，国家财政收支顺差超过二千二百万古尔登，哈布斯堡王朝首席政论家莫里茨·贝内迪克特仍然在 1892 年 12 月 24 日《新自由报》（《维也纳交易所周刊》）为他保留的专栏中作出了下述社会政治预言：“人人都在不安地聆听，仿佛一场不可逆转的重大事变日益临近，这是对社会制度的最后审判，资本与工资之间的严重冲突。”

特拉克尔诞生于八十年代末期，与同龄人格奥尔格·海姆一样，他的诞辰头上罩着那颗昴宿星团最黑暗的灾星，从1880至1890这十年之间，突然，几乎袭击般地冒出不祥的一代。他们的威力像一束手榴弹爆炸。他们的母亲分娩时的阵痛犹如一个可怕的新时代来临时的阵痛。火山爆发，全球范围的火山爆发！

在这短短的十年中出世的有毕加索、乔伊斯、卡夫卡、魏宁格尔、布洛克、穆西尔、科柯施卡、温加雷蒂、艾略特、阿尔奇片科、斯门尼斯、奥尼尔、海德格尔、基里科、勒科比西耶、卢卡契、庞德、扎德基纳、维特根斯坦、卡瓦菲斯、贝克曼、塔特林、奥卡西、贝格、沙加尔、阿尔普、J. M. 豪尔、布洛赫、韦伯恩、陶特、阿波利奈尔、莱热泰罗和韦切尔·林赛。几乎所有立体派画家都生于1880年以后的几年，随即那批灾难诗人——印象主义者和达达主义者像火山喷出的熔浆一样投身人世。从他们之中崛起了一对没落的预言家：奥地利的特拉克尔和西里西亚的海姆；有些人后来变为社会革命家和空想家，例如毕加索、鲁比讷、卢卡契、普费姆菲尔特、希勒、布洛赫、雷恩和莱昂哈特·弗兰克，还有人成为“临床的”虚无主义者和极端的民族主义者，如庞德、约斯特、莱尔施、贝恩、绍韦克尔。第一次世界大战的深渊吞噬了这一年代的精英，沃尔夫·普日戈德后来做过统计：特拉克尔、施塔德勒、利希滕施泰因、萨克、马克（德）、洛茨、马克（英）、黑林拉特、埃伦鲍姆—德格勒。他们中的大多数人不再仅仅对旧的制度提出质疑，而是要推翻它；这是一场反抗统治阶级的暴乱，它把目标指向淫荡、冷漠以及腐败堕落的一族的“阔绰”，指向统治阶级。站在这一代人首位的阿尔贝特·爱因斯坦（1879 年生）不啻是颠覆的象征。同年出生的有斯大林和托洛茨基；正好十年之后的 1889 年，阿道夫·希特勒随后跟上。同他一道，我们真正踏上了末日世界的土地。在斯大林和希特勒之间是贝尼托·墨索里尼的诞生之年（1883）。比他早三年出生的奥斯瓦尔德·施彭格勒早就预言了暴君时代的来临。

人们大概不会相信这里是纯粹的巧合和数字游戏。赋予这些同一年代的同志——先知或妄想家？——的使命是进行彻底清除。他们进攻的目标是旧欧洲的制度，它最明显地体现在哈布斯堡帝国身上，他们以伦琴射线般的目光洞穿它，剥制它的骨骼，如特拉克尔、海姆、希勒和科柯施卡，或者让它在无与伦比的精神政治暴乱的聚光镜下化为灰烬。他们中最敏感的人早就以自己受伤的神经感受到金玉其表之下的病态、衰亡、僵化和腐烂。

特拉克尔教会最喜欢以超凡脱俗的圣光把诗人隔离并禁闭起来，移入一种“灵性的”空间，与此相反，我们恰恰发现他的生活与作品都毫无二致地打下了社会的烙印，完全是一种可以准确解释的革命的时代标志的个人表达。当时，不仅是经济上最虚弱、最无法承受打击的中产阶级的下层，甚至很大范围的大资产阶级都异乎寻常地预感到即将来临的崩溃，并且为之震撼。由于那时缺少保障性的福利法，破产和重新陷入贫困的威胁咄咄逼人，这可以部分解释为什么最早针对封建资本主义政权的政治和美学反叛主要来自小资产阶级。一切朽坏在特拉克尔身上有突出表现，他那些有时阴森恐怖、破败不堪的城市和自然风景同样是对精神领域的、尤其社会政治的变革的预感，这一变革伴随着1914 年欧洲的灾难开始了。在特拉克尔的作品里，我们看见“被诅咒的种族”与特拉克尔家族在画面上融为一体，前者在虚幻的富裕中穷愁潦倒，无论精神或是道德上都日趋堕落，后者的“阔绰”则是特权阶层的这种富裕的不洁分泌物。《埃利昂》中写到“种族的没落令人震撼”，意思模糊，这里痛惜的不仅是没落中的特定的一代（即父辈），还是整个人类和人性的没落。[①] 然而后来在《梦魇与癫狂》中出现了下面这样的忏悔——当然，哀怨和控诉在特拉克尔身上难分难离：“父亲傍晚变成了白发老人；母亲

① 就这一点而言，特拉克尔（卡夫卡同样）的作用类似于见证了罗马帝国的明显衰落的早期基督教的悲观主义作家。同特拉克尔和卡夫卡一样，科莫迪亚努斯、狄奥尼修斯、迪奥尼西奥、欧塞维奥、阿波利纳里、梅托迪奥斯和希罗尼姆斯以近似幻想和寓言的形式刻画异化和衰亡。二者是相同的世界末日图。只不过早期基督教的预言家在其女巫般的想象中把罗马帝国的终结等同于“末日”而已。——原注

的面孔曾经在阴暗的室内化成石头，蜕化的种族诅咒沉沉压在男童的身上……”观照的范围在这里已经缩小，在集体灾难的反照中透露出最终关系到个人，即关系到家庭的没落，以及二者彼此无法分开。

托比亚斯·特拉克尔的去世使家庭名存实亡，也给家业的前景蒙上了阴影（尽管威廉立刻接替了公司的领导），当父亲亡故时，王朝的政治和经济基础也已经陷于动摇。日益逼近的厄运在那几年令人如此绝望，所以当世界大战的灾难果真到来时，许多人将其视为拯救而为之欢呼。卡尔·巴罗莫伊斯·海因里希——一位患有抑郁症的作家，是特拉克尔在因斯布鲁克时的志同道合者，在1913年复活节星期二致特拉克尔的信中，他写过一行预言般的文字：“是要战争，还是不要战争，严峻的时刻就要来临，人类将会寻求一位诗人。”

“哦，被诅咒的种族，”《梦魇与癫狂》继续写道，“果实和器皿腐烂在惊恐的种族凝固的手掌之中，”这个种族瞪视着不可阻挡的灾难降临头上，“一只狼撕碎第一个孩子，姐妹们逃入阴暗的花园，逃向瘦骨嶙峋的白发老人。一位癫狂的先知，那人在坍塌的墙边歌吟，上帝之风吞噬了他的歌声。哦，死亡的快感。哦，你们，阴暗的种族的后代。血统的恶之花在那人的太阳穴泛着银光，冰冷的月光映在他眦裂的眼睛里。哦，夜族；哦，被诅咒的一族。”末日的景象直到结尾才以这一句话告终，“黑夜吞噬了被诅咒的种族。”晚期的《傍晚》一诗深受荷尔德林的影响，诗中写道：“淡蓝的月光/照临都市/那里寄居着腐朽的一族/冷漠而阴险。”

诗人在这里比别处更接近先知，他总感到自己是最后一枝嫩芽，长在一个注定没落的伪基督徒种族那棵长满青苔、行将摧折的树干上，是孙子，不得不承受沉重的负荷，承受人类世世代代的沉重遗产：“哦，我们的种族多么苍老。”（《途中》）“紫色的痛楚，一个伟大种族的哀怨/它如今随孤独的孙子逝去，多么虔诚。”（《逝者之歌》）从一个堕落的时代回顾历史，特拉克尔受过的新教教育使他觉得西方即基督教的欧洲伟大、纯洁、灿烂辉煌；他以淡定的悲哀歌咏它的没落，痛惜它现在的（末日的）衰颓，将其视为类似于路西法①的悲剧，即因背离本初的伟大而坠落，这种伟大在特拉克尔的作品中不能被看作海市蜃楼。尽管《西方之歌》一开始就出现了带有浓重的悲观主义情调的诗行：“哦，灵魂之翼夜里的拍击”，却续之以一种完好的神话般的存在的画面：

① 路西法（Luzifer）：本为天使长，因不愿侍奉作为人的基督，坠离天堂。

我们牧人曾经走过暮沉沉的树林，

身后紧随着红兽，绿花和潺潺的流泉

无比谦卑……

傍晚的花园，远古虔诚的信徒走过的地方，

而今兵士从创痛和星星的梦中醒来。

哦，黑夜温馨的矢车菊花束。

哦，你们，寂静和金秋的岁月，

那时，我们和平的僧侣酿榨紫色的葡萄……

那时，人在自己的斗室思索正义，

以默默的祈祷求见上帝活生生的头颅。

诗的结尾痛苦地呼唤“严酷的沉沦的时辰，/我们在黑暗的水中窥见一张僵硬的面孔”。全诗以当代大洪水中浮现的新的乐园幻景告终，第一章已经摘录过：

但恋人欣喜地撩起银色的眼睑：

单性。从蔷薇色的衾枕涌出香烟

和复活者甜美的歌声。

性（性欲）一直被视为诅咒和上帝的惩罚，但尤其被感受为乱伦罪，它在这里从物质中脱离出来——一种愿望和救赎的想象，并且与未来的、重新处于肉体的无罪状况的性（属性）融合为一个概念，对后者而言，再也不存在性别的冲突、两性的分裂和异性恋的异化。特拉克尔可能在德国神秘教徒那里获得了伊甸园中单性的印象，单性的想象有时也出现在雅各布·波默和弗朗茨·封·巴德尔的文章中；从布施贝克 1913 年 7 月 29 日致诗人的信中我们获悉，特拉克尔贪婪地阅读这些文章。（与此相反，天主教教义谴责下述猜测：亚当受造为雌雄同体，即两性人，并且以《圣经》和传说为根据；这一看法同样受到奥古斯丁的反对。）返归太古、返归史前时代人类的纯洁状态的想法（达拉戈）还在另外一个闪耀着崇高光芒的场景中表述出来："石灰墙里悄悄探出一张难言的面孔——正在死去的少年——还乡族的美人。"（《启示与没落》）

正在死去的少年即欧洲战场上被杀戮的一代，这一幅预先绘制的画面从此再也无法摆脱。当它再现于《西方》一诗时，它化为发自形而上学战线两军对垒的无人地带的一声撕裂人心的呼唤："你们，正在死去的民族！"

童年，少年，边城的浪荡子

为特拉克尔立传，有一件事总是令人遗憾：关于诗人的幼年，缺乏任何有助于理解他未来生活道路的重要信息。甚至连逸闻趣事也无从搜集。不管是与格奥尔格一起长大的同胞姐妹，还是交往密切的游戏伙伴，他们的陈述大多牵涉后来的发展。然而可以大致肯定，小格奥尔格已经从当时的环境中获得一定的经验，并且在此基础上建立了完全有效的心灵档案，依据这些档案，或许能够更好地解释诗人在处理现实时所独具的“奇特”方式。

弗里茨·特拉克尔和玛丽亚·盖佩尔一致认为：“格奥尔格小时候同我们大家一样，快活、顽皮、健康。”盖佩尔太太还做了补充：格奥尔格小时候尤其粗鲁和放纵，他天性如此，他最喜欢对两个姐姐又掐又打。

确实，小格奥尔格给人以结实有力、胖胖墩墩的印象。人类学家特奥多尔·施珀里评论他两岁时的一张照片：格奥尔格看上去“引人注目，不像与他同龄的其他孩子；略带淡红色的金黄鬈发包着一张圆圆胖胖的小姑娘的脸，目光浑浊，带有某种近乎于野兽的忧伤”。按照施珀里的说法，在特拉克尔三岁时与四个兄弟姐妹合影的相片上（格蕾特尔尚未出世），他同样表情迟钝，面部有些淤肿。

在那次已经多次提到的采访中，有人问特拉克尔少校：“您弟弟格奥尔格是一个什么样的孩子？您跟他合得来吗？”少校答之以外交辞令：“他和我，我们是最好的小伙伴。他同他的朋友在我们家花园里的体操器械旁边玩耍，我有我的铅制小兵。”也就是说，唯独格奥尔格的父母家有一个宽敞的庭院；迁入对面的住房时，托比亚斯·特拉克尔在普法伊费尔胡同 3 号购置了一大片园地，在家庭女教师的看管下，孩子们成天在那里游玩。

只要提到特拉克尔家孩子的游戏团伙，总是指年岁挨近的几个兄弟姐妹：古斯塔夫、玛丽亚（或称米奇）、米娜、格奥尔格、弗里茨和格蕾特。威廉作为同父异母的哥哥无法算在其中，他比格奥尔格的大哥古斯塔夫还大整整十三岁，因此不适合与其他孩子玩耍。虽然威廉从未被孩子们当作外人，但他很早就离开家了。他只在父亲的商店里学过一些经商的窍门，老是出国，后来还做过一些漫长的商务旅行；他长期逗留在新几内亚岛、墨西哥和美国（去过纽约）。这个近在眼前的家中的榜样似乎比热衷于历险的兰波影响更大，大概是他使药剂师格奥尔格·特拉克尔制定了类似的漫游计划（阿尔巴尼亚、婆罗洲）。1910 年 5 月，威廉回家探访，在此期间父亲去世。威廉没有再去海外，他立刻与继母一道接管了父亲留下的公司，直到 1913 年公司倒闭。

根据玛丽亚·盖佩尔的回忆，孩提时代的格奥尔格尽管表现出更为强烈的肉体倾慕，但他也是一个痴迷的倾听者；他最喜欢听那位“法国小姐”讲故事。学会阅读之后，他看了很多当时流行的儿童读物：童话、日耳曼及希腊—罗马的英雄传说、《皮袜子》和《格利弗》，到了入学年龄他已有进步，开始阅读格施代克、凡尔纳、埃伯斯、达恩以及其他作家的小说。家庭女教师订的法国少年刊物《青少年杂志》也深受特拉克尔家孩子的喜爱。据盖佩尔太太声称，格奥尔格还是卡尔·梅的崇拜者。这一细节本来无甚意义，只是无独有偶，那位维也纳青年诗人罗伯特·米勒本人就是这位儿童读物作家的热心追随者，正是他在 1912 年 4 月初把特拉克尔介绍给路德维希·封·菲克尔和《勃伦纳》诗人圈，他甚至在同一时间（1912 年 5 月）促成了梅在维也纳所作的唯一一次演讲。（众所周知，梅在这次演讲的途中患了严重的肺炎，病逝于拉德博伊尔。）

年满五岁，格奥尔格到了接受义务教育的年龄。1892 年秋，父亲让他在萨尔茨堡大学广场旁边的帝国师范学校附属天主教“幼儿学校”注册入学；这是一所正规的私立学校，形式近于五年制的普通“公立小学”，来这里就学的是有社会地位的中等阶层家庭的孩子。由于格奥尔格是耶稣教徒，他每周有两个下午上福音新教教区的宗教课，奥米勒牧师任宗教老师，他“心地善良，特拉克尔非常听他的话”（布施贝克），为格奥尔格施行洗礼的大概也是他。

艾哈德·布施贝克生于 1889 年，同为萨尔茨堡的小耶稣教徒，他详细描述过与格奥尔格的最初几次交往：“我对特拉克尔的回忆可以追溯到上公立小学的时候，当时的情形至今历历在目：他站在萨尔察赫—克威河畔我就读的那所耶稣教学校的门前，好同他姐姐一道进去听宗教课……一个个头矮小的男孩，衣着整洁，长长的金发，有一个法国保姆陪伴。在我们这些普通学生的眼里，那些只在某些下午来上宗教课的学生大概总是显出某种特殊的‘高贵’，但是在特拉克尔身上，还表现出一种孑孑独立、羞怯躲避的倾向。总之，我们还是走到一块，相互交谈，彼此结识了。上文科中学时他比我高一个年级……”

这里第一次谈到特拉克尔羞怯的性格和“躲避的倾向”。我们刚才还听到知心朋友的证实，说他是一个快活、粗鲁、顽皮的孩子，总之他与外界的联系正常而频繁，没有障碍，可是现在，我们突然面对着另外一个孩子，他胆小羞怯、自我封闭、明显放不开，也许从小就性格内向、柔弱。格奥尔格性格上的这一转变人人皆知，后来更显露无遗，其他朋友将其推迟到青春期开始，例如弗朗茨·布鲁克鲍尔，他十一岁就认识特拉克尔。尽管特拉克尔的性格早就有些内向、多虑（这一点常常使布施贝克不愉快），但是，据说他曾经是一个“性格开朗的孩子，讨人喜欢，爱调皮捣蛋”。卡尔·明尼克和弗朗茨·格林是特拉克尔的文科中学同学，他俩也把这一重要的心理转变看作进入青春期的明显征兆，它在特拉克尔写诗之后才真正显示出来。布施贝克显然持不同看法，他认为特拉克尔早在幼年就已经有交际障碍。

我们已经几次提到家庭女教师，她出现在布施贝克的回忆录中。她名叫玛丽·博林，生于阿尔萨斯，在特拉克尔家孩子的生活中，她作为母亲的替身占有极其重要的地位。1890 年前后，她受聘来到这个家庭；一待十四年，其间有两年中断。孩子们快长大了，格奥尔格的两个姐姐也上寄宿学校读书了，这时，她觉得自己已无事可做。

玛丽·博林被描述为一个聪明、勤勉、非常迷信的女人，她是一个近乎狂热的天主教徒，信仰笃诚。不得不为一个“异教徒”家庭服务，这使她长期陷于良心谴责。她的忏悔神父——一个似乎眼界狭窄的弗朗西斯派化募修道士，更是给她的内心冲突火上浇油，他再三怂恿她，要么使她带的孩子皈依真正的信仰，要么辞掉这份邪恶的差事。第一种选择毫无希望，于是经过长期痛苦的思想斗争，这位法国小姐终于决心抛弃受宠的小异教徒。她只在家乡忍受了不到两年，就重新歉疚地回到萨尔茨堡主人家中，受到特拉克尔一家欣喜的欢迎，良心痛苦随之复发。（在此期间，托比亚斯·特拉克尔聘用了一位年轻的巴黎女人，名叫让娜·萨亚尔，她被迫让位给那位住过多年的法国小姐。）

博林小姐怀着炽热的关爱教育孩子，尽管她貌似严厉。她老是试图以天主教影响她的被保护人，从而造成种种混乱，除此之外，她倒是坚持法国古典教育方式，即近似于勒普兰斯·德博蒙夫人的原则。她与孩子们讨论前面提到的青少年和儿童杂志中刊载的论述道德教育的文章，向他们传授纯正的法语，激发他们对她所理解的法国文学的兴趣。

据说特拉克尔家的孩子相互之间几乎全用法语交谈，在家里只对父母和用人讲德语，人们对此惊叹不已。同样令人惊喜的是，在这里发现了格奥尔格喜爱法国诗歌的根源，根据已经获悉的情况猜测，在文科中学低年级开始写诗的时候，他就阅读了原文的《恶之花》和某些象征派诗人的作品，接触过海斯曼斯、洛蒂、梅特林克、路易、罗登巴赫等人的著作，早期诗歌中某些感伤、浮夸的段落和异国情调大概源出于此；同时，个别几乎难以觉察的法语习惯用语（确切地讲是类似表达）引发了下述猜测：诗人这些模仿品不是出自德文译本，而是直接产生于法文原版。大致无疑，特拉克尔通过阿默尔的译本（岛屿出版社，1907）才熟悉了阿蒂尔·兰波，他对特拉克尔成熟期的创作不无影响。

格奥尔格不仅在博林小姐身上发现了深沉的母性，而且由于她的倡导，他的想象力可以在任何可能的领域自由驰骋。例如，她培养了他对具有异国情调的邮票的兴趣（威廉的信件来自遥远的地方），他后来的确兴致勃勃地集邮。弗里茨·特拉克尔说，格奥尔格“甚至与一个中国人——陈林先生（Chen Lin）通过信；他们用世界语写信”。

如此看来，特拉克尔不仅操一口熟练的外语，甚至还学会了一种人工发明的世界语，以便同其他集邮者交换信件，这一事实使我们能够以新的标准和眼光来认识他。从这些角度衡量，尽管他性格忧郁、孤僻，但他仍然不失为一个目标明确、兴趣广泛的年轻人，非但没有放弃人间生活，甚至称得上善于生活。特拉克尔，尘世之子！在一位真正的母亲的关怀下，这种可能性摸索着开辟前进的道路，由于悲剧性地陷入自己选择的罪孽而破灭；这类“光明的”尝试和摆脱孤独的厄运的种种努力似乎一步一步地、或突如其来地坠入“乱伦”和“黑暗毒品”的深渊。早期生活的积极态度与晚期病态的消极态度恰好形成鲜明对比。

令人奇怪，玛丽·博林这盏像母亲一样照耀特拉克尔童年的指路明灯并没有被他纳入自己诗歌的梦幻群像。是她不配加入这一群像？还是他遗忘了她，对她的回忆已经磨灭？倘若可以把特拉克尔的作品理解为生活的记录，理解为从严格意义上讲合乎逻辑的编年史般的自白，那就可以从他内心深处出发肯定上述疑问。以更深刻的（分析的）眼光来看，他的作品无疑既是生活记录，又是忏悔，但无论忏悔还是记录最终都只与家族和血缘相关。特拉克尔好像自觉或不自觉地赋予血缘关系以某种神秘、恐怖，总之反基督教的意义，在他身上，血缘关系连接着族类、性、诅咒。他的同路人在他的作品里只留下了淡淡的痕迹，他们的身影偶尔闪现，但是模糊不清。如果撇开那些献词和题名为《卡尔·克劳斯》的四行诗，那么没有任何一个朋友在诗中被直接称呼，只有一人例外，即对他亲如兄弟的卡尔·博罗莫伊斯·海因里希。在《没落》和《逝者之歌》中，特拉克尔明确地称他为“兄弟”。卡斯帕尔·豪泽和诺瓦利斯折磨着特拉克尔的自我，他们是自我的幻象；所以，那首格外宁静、庄严的《致诺瓦利斯》就是一篇预言般的墓志铭。那些妓女形象或是神话人物（阿芙娜），或是文学人物（索尼娅），也可能是格蕾特尔的自我的化身。看来他笔下的人物似乎也是他的家人。

童年的时光一去不复返。特拉克尔家的孩子只是在假期分散去各地，夏日出游的村庄和沿途的逗留地深深留在格奥尔格的记忆之中：尽管途中也有阳光灿烂的时候，但无论漫游还是暂留都并不轻松愉快，完全没有夏日的新鲜感。特拉克尔那时就感到某种神秘的反拽力的威逼，为抑郁、失落和自我异化所困扰："我是一个影子游过昏暗的村庄；我从村子的井里啜饮憎恶和痛苦"（《深渊》初稿），曾获特拉克尔奖的奥地利人威廉·绍博是诗歌界的晚辈，他后来在自己的诗集中用更加强烈的语言描摹了这些感受。特拉克尔无疑最先把目光投向阴森恐怖的村庄和被遗弃的绝望的村民。

夏天通常也在城里度过，那里有美丽和亲切的花园。音乐课也应当尽量不受假期的干扰。六个孩子都学习弹钢琴，程度参差不齐。父母自己不会乐器，但是非常重视音乐教育，尤其母亲定期听孩子们练习和演奏。他们去莫扎特音乐学院听音乐会，女孩子在市立剧院有预定长期票，"我们男孩则到站位去"（弗里茨·特拉克尔）。文学方面的兴趣"一般"，没有特别突出的地方。

据说特拉克尔小时候常常在钢琴旁度过他的时光。"他还弹得一手好钢琴"（F. 特拉克尔），至于他的水平是否超出一般，这难以确定，因为缺少内行的评价。他在私立小学就进修了钢琴课，后来任教的是一位上了年纪的朋友、作曲家奥古斯特·布鲁内蒂—皮萨诺（当时已为豪普特曼的《沉钟》作过序曲）。据说正是他激励格蕾特尔即家里的音乐天才走上了作曲的道路。格蕾特尔成年后在维也纳和柏林接受保罗·德科内和恩斯特·封·多赫纳尼的指导，希望成为音乐会钢琴家，但最终未能达到登台演奏的水平。

特拉克尔偏爱音乐浪漫主义；他弟弟弗里茨说："他很少弹奏莫扎特的曲子。"青春期那几年，他醉心于理查德·瓦格纳，也许是受文学榜样波德莱尔的影响；可是在此之前，他已经怀着倾慕之情演奏肖邦和李斯特，这当然需要纯熟的技巧。格蕾特尔也有类似偏爱；据称，她最擅长演奏肖邦和俄国浪漫主义作曲家的作品。总而言之，她作为家中最小的孩子很快就赶上了格奥尔格和其他人，并且立刻"玩儿似的"把他们甩在身后，盖佩尔太太还记得，格蕾特尔好虚荣的好哥哥对此不但不妒忌，反而很欣赏她。格蕾特尔很快就在他心中占有了明显的特殊地位。他常常对两个姐姐寻衅闹事，态度粗暴（大概因为她们年纪大些），可是对格蕾特尔，他从小就有一种不敢流露的爱慕之情，别人可以看出，不管有什么事，他总是公开偏向她。

特拉克尔在幼儿学校的成绩大概属于良好，成绩表没有保存下来。1897 年秋天，他通过了八年制公立文科中学的入学考试，校址仍在大学广场 1 号。这是一所所谓的人文类中学，课程设置以德文和古典语文[①]为中心，“实用”科目（数学例外）处于无足轻重的地位。

如人们所知，中学前三年平静地过去了，尽管特拉克尔一开始就不喜欢古典语言，对德文课“毫无兴趣”（据一位还活着的同学说）。三年级开设希腊文课之后，他的总成绩急剧下降，尽管允许每个留级生参加升级考试，他还是不得不重上四年级（1901—1902）。姑且勿论在家中如何丢脸，格奥尔格当时已感到无地自容，从此，他对学校的一切报之以完全无所谓和玩世不恭的态度，这很可能仅仅是一种掩饰，以便保护自己。最初的日子，格奥尔格和他最亲近的朋友的内心和外在表现，酷似韦德金德在《春天的苏醒》中以荒诞—表现主义的风格所作的漫画描写。他的同学弗朗茨·格林回忆，“特拉克尔完全变成了我们所说的‘油条’”，格林从（格奥尔格留级的）四年级起一直是他的同班同学，而且好几年与他座位相邻，仅隔一条狭窄的过道。

在文科中学低年级，特拉克尔就给人留下了轻浮浪荡的印象。“不是因为他衣衫不整，”格林说，“而是因为他身上有某种

① 指古希腊文和拉丁文。

特殊的东西，与众不同。他走路时习惯身体前倾，像驼背一样，他的目光是沉思的，仿佛在苦苦冥想，有时则给人以审视或失落的感觉。他常常一动不动地坐在凳子上，如一尊陷入沉思的雕塑，用手撑着鼻子，鼻孔大张。这是他独特的姿势。”格林和其他同学强调，特拉克尔其实是一个快乐、合群的伙伴，待人忠实友好，班上的恶作剧他都毫无异议地参与。“学校没人看见过他真正严肃的时候，他脸上总是静静地挂着一丝桀骜不驯的嘲讽。”

好像只有同学发现了特拉克尔身上的“非同寻常”，教授们则很少有所觉察。他被形容为早熟，而他的早熟主要表现在举止言谈和善于思考的特征上，身体发育方面并不十分明显。格林这样讲道：“在对世界的看法和精神的发展上，特拉克尔超过同龄人，受到大家的敬重。他比我们所有人机灵得多，远远胜过我们。”

大概只有任课教师意识到特拉克尔在精神上的超前发展与他各门学科的进步不相符合，拉丁文、希腊文和数学令他头疼（德文怎么也能及格）；同学对此毫不奇怪，当然他们自己都必须以不同的要求竞争高分。教授们显然是一些平庸的学究，他们对这个伤脑筋的学童无可奈何，他无动于衷，据说他还写诗；他淡泊无争的脾性可以解释为缺乏兴趣，也可以解释为没有天分，但是很难对付。从那以后，特拉克尔被公认为一个胡思乱想的怪人，就连兄弟姊妹也这样看他，只要有什么出格的事与他相关，学校处处都能听见这样一句意味深长的话："是呀，这事他干得出来——没什么稀奇。"

特拉克尔似乎视文科中学为不必要的苦恼，把同学看作这一苦恼的不得不忍受的伴随物。他欣赏某人，就为他朗诵自己的诗作（例如格林）。他的心思不在功课和学业上，而是早已转向别处。就学业而言，他很懒惰，甚至可以说漠不关心。他厌恶教材，因为他耳中满是波德莱尔激情的诗句。在那些因为同龄而被偶然地罚入同一所牢狱般的学校的同学面前，他从来不曾真实地坦露过他的心思、想法和忧虑，他只向几个知心朋友倾诉衷肠，觉得他们与自己志同道合，那些没见过世面的小市民则称他们"古怪"。他们是：艾哈德·布施贝克、卡尔·明尼克、古斯塔夫·施瓦布、弗朗茨·布鲁克鲍尔、K. 封·卡尔马尔、阿道夫·施密特、安东·莫里茨，其中有的人在特拉克尔短暂的一生中始终陪伴着他。

据布施贝克讲，特拉克尔"很早就开始完全投入地"阅读陀思妥耶夫斯基，"并且很快熟识了他"。布施贝克那时常与特拉克尔散步，他说："我们谈论的话题始终围绕着一个问题，即究竟何为我们心目中的理想世界，我们的观点自然各不相同。"特拉克尔与他以及另外两名同学（卡尔马尔为其中之一）"在多次文学讨论中相互亲近起来"，布施贝克由此回想起那些"围绕陀思妥耶夫斯基展开的激动人心的谈话”，陀氏激进的反市民倾向带有强烈的宗教情绪和神秘主义—民族色彩，肯定给特拉克尔留下了难以磨灭的印象。大概在同一时期或更早，特拉克尔同样“完全投入”阅读尼采的作品。

对陀思妥耶夫斯基、尤其对尼采的崇拜将在萨尔茨堡文学圈持续多年；施内迪茨后来讲述过一个逸闻，他说特拉克尔曾在萨尔茨堡诗人团体“阿波罗”（后为“弥涅耳瓦”[①]）为大家朗诵过恣肆狂放的诗句，然后问大家是否欣赏。他见众人反应冷淡，就以鄙夷的语气直斥那帮听众：“这是尼采的作品!”说完扬长而去，谁也不理睬。

在学校，“那个特拉克尔”渐渐成为“怪人”的同义词，而这个怪人的境况自二年级以后明显恶化。对待老师及其管教，他越是无所谓，越是避而远之，就越发感到他们对他的敌意。不时有些小小的丑闻从班上传出去。例如在一次希腊文课的课堂练习上，老师要求把德摩斯梯尼致雅典公民的一段演讲从德文回译到希腊文，这纯粹是一种记忆训练。特拉克尔在练习本上仅仅写下了演讲的首句和末句，以这一大胆的光辉业绩得了一个“完全不及格”，即“6”分。（这个分数很少给出，因为通常的等级是优

① 罗马神话中的智慧女神，等于希腊神话中的雅典娜。

秀、良好、较好、及格、勉强及格、不及格、完全不及格。）

格林还清楚地记得特拉克尔写过一首标题为《僧侣》的诗，它完全不同于那些在城镇刊物上被冠之以抒情诗登载的篇什。按照格林的说法，全诗充溢着激情的画面和表达，语言狂放，益发使人过目难忘。另外一个朋友认为，《僧侣》与 1909 年由特拉克尔和布施贝克收入第一部诗集的那首十三行的《圣人》是同一首诗，大致可以视为《圣人》的雏形。弗朗茨·布鲁克鲍尔也能回忆起《僧侣》一诗，特拉克尔似乎把它看作摄人心魄的得意之作一再朗读，直到他上七年级或提前离校之后。布鲁克鲍尔写道："大约从 1904 至 1906 年，特拉克尔与一些爱好文学的青年组成了一个文学圈子。他们每月一次在林泽尔胡同的贝格尔啤酒店聚会。大家朗读自己的创作。七名参加者中，特拉克尔最为独特，作品最多。他当时主要写散文，当然用词非常考究。他的短篇小说（确切地讲是一些小故事）已经颇有个性。有几篇我至今难忘：《被开除学籍的人》《午后点心》《兄弟》和《一次疏忽》。原稿及《文学尝试报》上的抄件永远遗失了，特拉克尔敬献给我的《僧侣》也无从查找，这首诗一念到它的标题就令人全神贯注。它描写发情和禁欲。虽然是一个比较淫秽的题材，却刻画得雅致高洁。结尾是：'答应我的请求吧，哦，玛利亚。'"（布鲁克鲍尔提到的手稿二次大战期间毁于轰炸。）

与人们回忆的结尾处的拉丁文套语相对照，《圣人》无疑是同一首诗，它收集在早期诗集中，该集子 1909 年筹划出版，当时未能付梓。特拉克尔后来非常看轻这个集子（仅有两篇例外），倒是不无道理，它于 1939 年由艾哈德·布施贝克出版，书名取为《源于金圣餐杯》（早年诗篇），至今已三次再版。

圣人

在地狱，在自掘的痛苦深渊里，
当残酷淫荡的臆象折磨他时
（哪颗心如此沉醉懒洋洋的情欲，
如此被神鞭笞又有哪颗心？）
他高高地举起干枯的手掌，
他祈祷，把罪孽的手伸向苍天。
但只有煎熬而又饥渴的情欲
引发他那淫乱和狂热的祷告，
炽烈的言辞涌入神秘的无限。
为酒神欢呼也从未这般迷狂，
仿佛在索命的，狂吼的销魂完成时
终于迸发出他的惨叫：
答应我的请求吧，哦，玛利亚！

这是一枝青春期的花，它采自《恶之花》和其他诗篇。诗句的跨行接近它所摹仿的法文诗，后者同样由于对魔鬼的信仰招致误解；颓废和猥亵的病态情绪大概正是当时时髦的新浪漫派的产物；磅礴的气势源于德默尔。这首诗提供了认识诗人的线索，它或许在一定程度上具有费利克斯·德尔曼（当时维也纳社交界的摩登颓废者）那种窥视卧室的“神经官能症”特征，如果它不是这样无助和浅薄，基于上述联系，这一点令人同情。痉挛的情欲与宗教的虔诚混杂在一起，显得拙劣甚至滑稽——一种滑稽的模仿，但并非出自本意。值得注意的是，作为一个新教徒居然采用了天主教的题材，以及对那位童贞女的呼唤：“答应我的请求吧”!

阿道夫·施密特也是诗人中学以及实习时期的亲密朋友，他告诉人们，特拉克尔那时“以印象主义的风格”创作。在诗人向他朗读的许多作品中，有一篇抒情小品给他留下了特别深刻的印象。“其中描绘了落日的余晖，在四壁镶有玻璃的游廊前，夕阳透过野葡萄的藤蔓流泻下来。直到今天，我还觉得那阳光的嬉戏历历在目，方格的桌布和杯中的葡萄酒全都染上了一层金辉。”可以看出，特拉克尔的创作迷住了他的同龄人，很早就使他享有被诅咒的诗人的声誉。

七年级结束了，格奥尔格再次未能升级，他似乎不得不退学。大概就在离开文科中学之前，他开始吸氯仿，以此使自己沉醉。在有关文献中不时出现这类推测，特拉克尔受到萨尔茨堡一个年老药剂师的影响，在他的诱惑之下染上吸毒。这不是事实。根据可靠的说法，最早向他提供毒品的其实是一个年龄与他相仿的人，一位有名望的药剂师的儿子，他本人也吸毒。大致可以肯定，特拉克尔开始吸毒并非出于某种必要；诱因大概是好奇和对犯禁与冒险的兴趣。是对边城、市侩和家庭的一种反叛？大概是吧。或者可以这样解释，这同样是一种文学模仿，只不过这次模仿伴随着厄运？他想要重温波德莱尔“人工天堂”的旧梦，好以这样的方式破解大师的艺术奥秘，道出“这个世纪无与伦比的隐语”？① 或者，人们可以就从这里发现负罪感、绝望感以及自我毁灭冲动的最初痕迹。

盖佩尔太太在六十年后的今天记忆犹新，当发现格奥尔格毫无知觉地瘫在一张长沙发上时，全家人都吓呆了。这个家庭第一次面临这种既可怕又难以解释的叛逆事件。昔日那个无害的、以

---

① 特拉克尔可能读过《恶之花》第一篇和第二篇前言，均为波德莱尔 1860 年为题序而作（直到 1887 年才发表）。我们摘引最后几句：“我有我自己的奇思异想。我渴望绝对的安宁和一个永不中断的黑夜。我是一个歌手，我吟咏葡萄酒和鸦片带来的狂热快感，我只想渴饮一种地上难寻的汁液，即使天上的药剂师恐怕也无法拿它来馈赠我；其中大概既无生命力、死亡或刺激，也无虚无。一无所知，一无所教，一无所求，一无所感——眠息并永远眠息：这是我今天唯一的渴求。一个卑劣、龌龊但却真诚的愿望……”——原注

梦幻的目光看待一切的“胡思乱想者”变成了瘾君子，从现在起，毒瘾就像一头苍白的怪兽始终与他形影不离。

另一次（往后频频发生），诗人团体“阿波罗”的朋友在郊外卡普齐纳山上找到了已经入睡的特拉克尔，时值寒冬，他已冻得半死。据施内迪茨讲，大家使他从僵死的麻痹状态中苏醒过来，他毫不沮丧，仿佛什么事也没有发生，只是让人把他送往林策胡同大家平时聚会的小酒馆，他在那儿慢慢悠悠地喝了一杯葡萄酒，很快恢复过来。可是这种情况益发频繁，乃至积习难改，这时，他陷入绝望的精神状态，悔之晚矣。对此，有一封致卡尔马尔的书信是有力证据，此信没有日期，署名为约尔格·特拉克尔，被特拉克尔的研究人员视为他迄今为止最早的信件资料（汉斯·斯克勒纳：“……它已经带有诗人难以更移的特征”）。“假期的开端糟透了。我已经病了一周，心灰意乱。开始，我不要命地工作。可是为了消除工作之后的神经紧张，我又把氯仿作为我的避难所。后果实在可怕。我一周以来都在为此遭罪，我的精神濒于崩溃。但我克制着想以这种药品恢复平静的诱惑，因为我意识到灾难正在逼近。”信里还写到，朋友邀请他去维也纳。“假期一开始，我就去了加施泰因一带，参加一个五天的聚会。那里所有价格都在疯涨——刚好碰上旺季……因为我不想让父亲增加这类开支……”从信中的假期以拉丁字母书写（成年后为手写体）以及所提到的对父亲的经济依附可以断定，这几行文字写于文科中学的最末一个夏天（1905 年 8 月）。“开始我不要命地工作”这句话大概指为了应付升学考试而苦读。在不幸的七年级之后，特拉克尔再也用不着这种救急手段；1905 年 9 月 26 日，他被学校除名。写这封信时，他肯定不到十八岁，却已经有了吸毒的经验（“又把氯仿作为我的避难所”）！

尽管他从未消除对灾难和死亡的恐惧，但是，据说他喜欢借助氯仿的劲力在朋友面前遐想，而且曾经吐露：在乙醚酩酊麻醉之中的死亡肯定美妙无比。那段时间，他虽然把自杀当作言谈中引人注意的点缀挂在嘴边，却从未付诸实践。这类威胁的动机常常微不足道。布鲁克鲍尔断言，特拉克尔身边总带着糖果，他威胁要自杀，是因为糕点师不愿意让他赊账。

被强迫退学使他再次尝到失格的滋味，这次更加苦涩。极其敏感的诗人当众出丑，不管他外表装得如何淡漠，毫不在乎。退学的原因是数学、拉丁文和希腊文这几门主科不及格。至于学校的声誉至少可以靠下述说法挽回：毕竟有一位老师，即七年级的德文教授指出过特拉克尔的独特风格，他当时声称，人们还会听到这个年轻人的名字。

那时候，上过中学六年级就够条件从事药剂师的职业，就特拉克尔及其家庭的社会地位而言，这项工作还过得去。此外，他可以作为志愿兵服一年的兵役。（当公务员要求较高，据说他断然否定了这一可能。）格奥尔格对药剂师职业感兴趣，易卜生不也曾是药剂师吗？为了取得药剂师的职称，必须在药房做三年学徒，并在大学学习四个学期。父亲开始竭力反对，最后还是无可奈何，这一不祥的职业选择使他心烦意乱。1905 年 9 月 18 日，特拉克尔到林策胡同 7 号“白天使”药房当实习生，这是一家僻静的老药房，位于卡普齐纳山脚，离塞巴斯蒂安墓园不远，正如布施贝克的回忆：“药房的主人年岁已高，有滥饮的恶名，十七岁上大学时，他就因他的‘色标帽’[①] 显得与众不同。有几个以前的同学瞧不起特拉克尔干学徒，这深深地刺伤了他，他非常敏感。我们继续保持以往的联系，我也很孤僻，与他同年因不及格退学，当时在私立学校参加期末考试。”

白天使药房的老板、药剂师卡尔·欣特胡贝尔是一个怪人，他的挖苦话在小城广为流传。据说他曾经如此评价特拉克尔：此人做药剂师很糟糕，做诗人是否好点，他无法确定。不管是否属实，这个评语反正不公正。人们今天知道，与扫兴的中学阶段截然相反，特拉克尔在药房既勤奋又机灵，他一丝不苟地努力完成自己的工作。

---

① 大学生组织的制帽，上有标志。

摆脱了学堂的座椅，特拉克尔如今在业余时间益发故意地过着一种放荡不羁、离经叛道的生活，令人惊讶不已。在白天使药房的地窖里，当时所有的麻醉剂和兴奋剂都任他支配，品种不多，也没有最厉害的毒品。在萨尔茨堡这座笃信天主教的外省城市，有僵化的等级观念，有偏见和虚伪，有为女性所倾慕的社会地位优越的军官，也许这一切正是使市民的虚荣心登峰造极的强大动力。人们不仅对假革命家的言辞津津乐道，利用任何机会抨击市侩小人，而且还颇为得意地光顾那类“娱乐场所”（萨尔茨堡当时有两处），市民乐意任其存在，视之为他们性道德的明暗对比。文学的推波助澜对形成这种狎妓风无疑难辞其责；那时，对陀思妥耶夫斯基的崇拜正处于高潮，妓女属于被压迫者和被凌辱者；在艺术界，那些红色的《火炬》杂志大概同样被人争相传阅，卡尔·克劳斯在其中举起性革命的旗帜，以真正启示录的风格唱出了蔑视精神、崇尚肉体的狂放颂歌。特拉克尔的同学（格林和布赖廷格）声称，甚至在文科中学高年级时，诗人就有胆量定期光顾妓院，他是施泰因胡同和犹太人胡同的“常客”——难怪有劝告离校的严酷处分！特拉克尔在中学就常常放肆地公开吸烟，这在当时同样属于犯禁，校方有权按章给予惩罚。据格林回忆，装饰特拉克尔上唇的深色胡须由于经常吸烟而被熏黄，指甲也如此。有一次，他去诗人的“陋室”看望诗人，诗人递给他一支烟，但是警告他烟劲太大。后来知道，那个药剂师的儿子不光向特拉克尔提供氯仿，他还搞到了鸦片溶液，特拉克尔把烟丝泡入其中。

诗人的所有传记作家一致认为，特拉克尔在成熟期发生了深刻的心理转变，这对他的外在形象有不利影响。施内迪茨的说法建立在准确的调查的基础上："可怕的重大转折"骤然降临，他变得情绪忧郁。我们从布鲁克鲍尔那里获悉，在青春期，"他的心理状态突然发生了根本转变"，他显得"阴郁、好斗、傲慢、自信、厌倦生活"。中学最后几年所表现的行为方式如今发展到荒唐的程度，同时，与周围世界沟通的兴趣逐渐淡漠。他蓄了分头，精心梳理，抹上厚厚的发油，像艺术家那样后颈披着长发，以便从外观上显示他的诗人气质；他还喜欢围脖高领，服装总是紧跟最新样式，衬衫的硬袖口必须探出外衣袖口一大截。被尼古丁染黄的茸毛长成了棕褐色的胡须；连鬓胡长长地垂到面颊下。在当时拍的一张肖像照上，特拉克尔表情做作，两眼直视前方。他相信，外表的浮华和傲慢符合他的处境和怪癖性格，与之相应的则是内心的混乱，可以把它理解为冷漠、孤傲、蔑视、自我戕害，大概还有种种厌恶和失望（肯定包括情欲范围），以及对一切努力的徒劳感和对自我欺骗的意识——自我欺骗存在于人类的一切行为之中。青春期及青春期前的挫折无疑播下了可怕的抑郁的种子，几年之后——他哥哥说，抑郁自格奥尔格一岁开始——特拉克尔将陷入抑郁的深渊。

特拉克尔当时活跃于一群意气相投的浪荡文人之中，他是最怪异、最极端的分子之一。他们定期聚会于各个公共场合：巴察尔咖啡馆、托马赛利咖啡馆或酒店，憨厚的小城居民称他们为“spinnerte Krezl”。他们的团体先叫“阿波罗”，后来改为“弥涅耳瓦”；名称的变化是因为成员的更替。狂放似乎是入会的首要条件。施珀里言之有理：如果这个诗人圈子的某个青年出于宗教原因自行阉割，那就肯定逾越了可以容忍的浪荡极限。

远距离的散步一直延续到深夜，有时独自一人，有时两人同行，与布施贝克、布鲁克鲍尔或米尼克一道，途中要么陷入沉思冥想，要么爆发激烈的争论，围绕着世界观问题和对当代文学的看法。维也纳的报纸每次都让人望眼欲穿，因为上面登载着关于霍夫曼斯塔尔、韦德金德和施尼茨勒的剧本上演的剧评。“格奥尔格最喜欢易卜生、比约恩松和斯特林贝里的剧本”（弗里茨·特拉克尔）。大家毫无选择地大量阅读。

特拉克尔越来越深地迷失在他那种衰亡哲学里，这种哲学使人联想起稍稍年长的毕希纳在《丹东之死》中的一句名言：生命不过是“更混乱的腐烂”。就外表看，衰亡哲学靠衰败之荣光来滋养，后者从萨尔察赫城的巴洛克艺术品和该城木乃伊一般干瘪的亡灵中照射出来，辉映着他。有时，他“穿过暮沉沉的花园”，在赫尔布鲁恩宫的公园里独自过夜，第二天早晨再神思恍惚地去白天使药房上班。

他精心修改过《赫尔布鲁恩的三个湖泊》；（参阅布施贝克 1909 年 12 月 18 日致特拉克尔的信：“我用《十二月的十四行诗》取代了《三个湖泊》。不要它们也许确实更好。其实我并不知道它们问题何在，也许因为在相隔太久的时间里做了太多的加工。”）我们有这幅三联画的两种文本，其时间跨度很大。下面这段描写第一个湖，一稿作于早期，另一稿则较晚，很容易看出从印象主义的情绪诗到成熟期开始时的巴洛克表现主义之间的跳跃：

蝇群在花丛中翩翩飞舞，
浑浊的潮水上苍白的花朵，
走吧！走开吧！空气在燃烧！
腐烂之火在湖底闪烁！
垂柳呜咽，沉默凝固，
湖上蒸腾着闷热的雾气。
走吧！走开吧！这里是黑蛙
发淫交配的污秽场地。

灰蒙蒙的蝇群盘旋飞舞，
褐色的潮水上滑过假面，
小小的手掌，僵死而雪白，
在腐烂之火上慢慢变暖。
桦树颤抖，悄悄离去，
更深地潜入黏稠的水雾。
这里那里，面具一个个
垂向黑蛙疯狂的淫欲。

特拉克尔也喜爱米拉贝尔的公园，那里有茨韦格尔花园和由浓荫覆盖的大道小径编织而成的迷宫，很容易迷路——“森林之神睁着死去的眼睛/搜寻隐入黑暗的幽灵”。这首诗寓哲理于旋律之中，以浓郁的情绪表现主体，具有透明度。衰亡从各个角落迎向诗人，“美丽的城市”在他的想象中破裂成变形的褪色的画面。“光亮的褐色教堂里面/浮现出死亡纯真的图像”，这两行出自已经遐迩闻名的萨尔茨堡颂歌，属于更晚的创作时期。

他喜欢漫游到阿尼弗——萨尔察赫河畔某个地方，可能由特拉克尔自己命名。他心爱的地方和漫游路线还有门希山和卡普齐纳山，彼得墓园，修女山谷一隅，城郊的米恩，顺着通往弗赖萨尔的公路到沼泽地，沿萨尔察赫河岸去玛利亚—普莱因大道。只要有一个朋友陪伴，他可以兴致勃勃地谈上几个小时，然后又突然沉默几个小时，直到被折磨的同伴可怜巴巴地问他，又在跟谁生气。那段时间所有朋友都谈到过他变幻莫测的脾气和情绪。狂热的生命喜悦可以猝然变换为冷冰冰的寡言少语或高傲的沉默；凶狠的自杀威胁和对他注定夭折的暗示与他对生命和爱欲的颂扬形成鲜明对比。在一次散步中，他再次谈到自杀的意念，那位朋友向他嚷道："行行好，别冲着我讲!"据说这句生硬的话使特拉克尔伤透了心。

他的早期诗作是在三年药剂师实习期间（1905—1908）零零散散地积累而成，1909年底整理成集交给朋友艾哈德·布施贝克，共约五十首，它们是他破碎心灵的一面最忠实的镜子。在镜中，迷醉、放荡和情感冲突的图像纷至沓来，这片血腥的土地仿佛为凶手和淫棍所占据。一眼可以看出，这里驰骋着由于种种压抑和摧残而过度紧张的幻想力，它还无力驾驭自己的语言。这些作品缺乏鲜明的特点，艺术价值微不足道，倘若特拉克尔仅仅以其传世，那么他今天早已像萨尔茨堡的诗友一样被人遗忘。此时令人感兴趣的是形容词和副词的大量堆积，但只有在具有同样特点的成熟期和晚期作品里，它们才显示出一种语言和神秘色彩的魔力，凭借这种魔力，众多语言形象宛如等级森严的天使合唱团被归入一个非格奥尔格·特拉克尔莫属的宇宙。他的早期诗歌就具有

“色彩性强”的诱惑力；然而那时的色彩只是对感官印象程度不一的强化，以便用自己独具的斑斓色彩描出萨尔茨堡城：枯萎的蔷薇色、石岩灰、大理石的苍白、宫庭黄、铜绿——夜蝴蝶的色彩！当月亮从润绿的树影后升起，倘若有人见过西格蒙德广场旁边那些小楼的粉壁怎样散发出像朴素的童话色彩一样的淡淡红光，见过水塘上嬉水的马群，它们淡黄的身影怎样在溅落的瞬间变得雪白耀眼，他就会知道，特拉克尔在诗中描摹的印象多么真实。

只是在 1910 或 1911 年以后，他的色彩才渐渐有了生命力，成为隐喻、符号和象征（红色的痛楚……象牙色的哀伤……紫色的磨难……黑色的行进……蔷薇色的呻吟……月色的脉岩里……蓝钟……战场金色的号叫……银色的眼睑……黄昏风信子色的脸庞……死亡金属般的音色……癫狂的黑色时刻……月光中的雪白火焰……将女妖埋入淡蓝色的睡梦……他的面孔透出高贵和忧郁的黎黑……在银色的脚踵上……蓝色的野兽……他的金属色的双肩……瘟疫在傍晚给自己蓝色的裙袍镶边……红色的战栗……在被毁灭的城市，夜晚搭起黑色的帐篷……白日驾着金轮轰鸣而去……在棕色的浸液里等），赫尔曼·施赖伯在其优美的特拉克尔随笔中（《诗人与色彩》）一语道出真谛：“特拉克尔揭示他心灵的奥秘几乎不用其他供词，而只用语言形式赋予他的供词，他甚至毫不畏怯地求助于语言自身，通过形容词说明如今摆脱了一切具体束缚的色彩幻象，于是，形容词明确地披露了本来隐匿于色彩象征中的含义；主要特征源于形容词，同时又依附于形容词……在此色彩还根据字样被贬入形容词之中，它其实不仅仅限于说明：它承载着概念，抽象才承载意义。”甚至在诗人习惯采用的更古老的语言形式“恐怖”（“gräuel”）或“恐怖的”（“gräulich”）之中，仍然含有“灰色”（“grau”）的色彩价值。“世世代代堆积恐怖”，这行诗出自作于1909年7月的《三个梦》。

紧接早期创作，特拉克尔的诗歌在1910或1911年以后取得了过去难以想象的突破，在德语语言上达到很高的甚至最高的水平，下面这首诗体现了早期创作的特点。

恐怖

我目睹自己穿过被遗弃的住房。
星星在蓝色天幕上恍惚舞蹈，
田野上狗群嘶声嚎叫，
树梢间焚风兴风作浪。

可是一刹那：寂静！沉闷的酷暑
催开我口中污毒的花，

苍白的露珠滴下，从树枝滴下，
一如鲜血从伤口渗出。

从一面镜子那虚幻的空无
缓缓露出一张面孔：该隐！[①]
像从阴森恐怖中化入模糊。

天鹅绒窗帷轻轻掀动，
月亮也透过窗户窥入虚无，
室内只有我和我的凶手。

与《圣人》一样，好些早期诗都反常地融合了虔诚的宗教信仰和炽热的情欲：“此刻，从混乱的人影中/闪现出一个女人，阴沉而哀伤，/她把邪恶惊恐之苦水注入我体内。”这三行诗是十四行诗《入迷》的末段，该诗首次提到“钟声、黄昏的祭坛、管风琴、静静的十指交叉、久已忘怀的祷告”。十四行诗《安息日》同样是一首由虔信和情欲揉成的怪诗（特拉克尔的“十四行诗体”与波德莱尔的形式如出一辙）；这里沸扬着一种粗俗放荡的“厨房巴洛克风格”（萨尔茨堡方言），勉强为精神所钳制；一下子就令

① 该隐：亚当和夏娃的长子，出于嫉妒杀死其弟弟亚伯。

人联想到西班牙语的原词 barroco，意思是过分、夸张、古怪：

安息日

嗅一嗅毒劲灼人的葡萄酒，
我就梦迷于月光的朦胧，
我微微感到被藤蔓缠住，
窥见血红的花在明镜中

像浩浩荡荡的疯狂女巫
从我心房酿榨烈火的欲望，
它们的嘴唇技艺娴熟，
在我麻痹的咽喉急剧膨胀。

热带的花朵那黑死病的色彩，
它们把自己的壳送到我嘴边，
龌龊的痛楚之浑浊的口涎泉。
她缠住我的肉体，哦，狂放的梅娜黛①，
于是因湿闷的雾气而酥软，
因可怕的情欲而痛苦迷乱。

---

① 古希腊神话中酒神狄俄尼索斯的女祭司。

这几首诗明显区别于成熟期的作品：内容华而不实，追求修饰效果和带有神秘色彩的表面印象，尽管它们有时已看似接近后来那种神话式的匿名的图像；它们的题材完全以自我为中心，几乎从未超出个人的陈述范围。

但愿最后的痛苦在此生完成
我不反抗你们，神秘的敌对势力……
如今随甜蜜的舞蹈泣血而去
我得以花环装饰我的苦难
你最深的意义就要求这样，哦，黑夜……
黑暗一度默默地使我熄灭
白天我曾是一个死去的幽灵——
我在白天跨出欢乐之家
走进黑夜……

《衰亡》一共四段，其标题便是一个恋恋不舍的主题——世纪末的颓废，它与勒克排在成熟期诗集最前面的同名十四行诗不过情调相同（“鸟”之图像联系较模糊），诗中很早出现的那些鬼神和幽灵将永无休止地缓缓穿越特拉克尔的创作空间。“月光充填着高高的大厅/再没有节日的欢声在那里回荡”，这两行诗人早年写实的诗句漠然唱出了萨尔茨堡衰败的景象。“空间因腐烂而湿闷/乌鸦在此默默地盘旋。”

也有类似于叙事诗的作品（像哀伤的谣曲）和朴素的也有叠句的诗歌。音韵感很强的布施贝克后来在给他的信中（1909.12.18）谈到这类叠句：“另外，我觉得不太好的还有《女人的祷告》中的叠句‘神秘的、神秘的夏娃’。初稿就有吗？反正它使我不舒服，正因为这首诗美不可言，它三次都败坏了我最美好的感觉，叫我不得不说它俗套和乏味。我以为最好三处都删掉。”（后来果然删掉了。）特拉克尔的早期抒情诗模仿了莱瑙、波德莱尔、瓦莱里、盖奥尔格、霍夫曼斯塔尔、里尔克乃至“矿工诗人”（兰波自称——译注），兰波及其译者的影响最早可以在1909年的《僵死的教堂》中感受到（其样本是法文诗《教堂的穷人》的德译，译者阿默尔），但即使在远未形成自己风格的早期抒情诗中，也时时可以读到形式上令人惊讶的诗行，它们已经完全属于一个诗人，因为他找到了自己和自己的命运，即找到了自己的表达世界并以此感到满足：

像我的痛苦之甜蜜新娘
又像我的长眠之沉醉罂粟……
当古老的希望之星星花环

凋谢在早已无神的祭坛……

空间已转入甜蜜的暮晚

仿佛曾遭受一场灾难……

1905年初秋，特拉克尔在诗人圈子中结识了剧作家和小说家古斯塔夫·施特赖歇尔（1873—1915），一个因菲特尔人却以萨尔茨堡人自居，他由于生活放荡和鲜明的反市民倾向而声名狼藉，人人都回避他。正因为如此，特拉克尔和他的朋友才被吸引到这位长者的身旁。施特赖歇尔的精神父亲是“故乡艺术”运动——自然主义在奥地利的分支；他的剧本（《道成肉身》《爱的牺牲》《斯特凡·法丁格尔》《莫纳·维奥兰塔》等）已经湮没于岁月的尘封，均为易卜生和梅特林克剧作的仿制品，摇摆于自然主义和象征主义之间。特拉克尔对现代舞台文学的了解来自观看演出，局限于萨尔茨堡市立剧院上演过的剧本，他也阅读那些剧本，并与同伴展开讨论。施特赖歇尔以他的情趣和文学赞助来奖掖这位兴趣浓厚的青年诗人，与他结识之后，特拉克尔自己也萌发了尝试剧本创作的念头。完全在施特赖歇尔的思想（以及相距更为遥远的榜样易卜生）的影响之下，独幕剧《万灵节》脱稿了，施特赖歇尔以赞誉的言辞将其推荐给市立剧院，他与剧院经理阿斯特纳保持着良好的关系。第二个独幕剧《海市蜃楼》也通过施特赖歇尔的介绍被剧院采用。促使阿斯特纳接受这两个剧本的原因大概与其说是施特赖歇尔的推荐，倒不如说出于这种考虑，这位年轻的作者是大名鼎鼎的市民和商人托比亚斯·特拉克尔的儿子，他将吸引观众。

《万灵节》于1906年3月31日以最佳演员阵容上演，首场爆满。阿斯特纳把它排在另一个独幕剧（《海妖塞壬》）和雅克·奥芬巴赫的一个小作品（《灯笼映照的婚礼》）之前，前者为蒂罗尔的长篇小说家海因里希·封·舒勒恩所作，他写过不少书，曾在萨尔茨堡任团部军医。观众的反应良好，评论界则毁誉参半。《万灵节》和《海市蜃楼》的内容只能借助于当时对首场演出的报道窥其大概，两个剧本都没有保留下来，第二个剧本失败之后，它们被失望的作者亲手焚毁，甚至送交审查的文本也未能幸免。特拉克尔还销毁了所有剧评。

在《万灵节》中，一个双目失明的小伙子彼得狂热地爱上了一个名叫格蕾特（!）的活泼的姑娘，并相信自己也为对方所挚爱。格蕾特渴求生活，她欺骗了他，暗中与大学生弗里茨相好。随后，彼得积郁致疯，在公共场合自杀。《海市蜃楼》同样取材于两个人的“悲剧故事”，似乎所有细节都是拼凑而成，或来自模仿：剧本以寓意含混的独白和对话叙述一个人夜间在沙漠迷路的故事；他想象自己与克利奥帕特拉——他心中的幻影共度良宵。当他从幻觉中清醒，意识到骗局，孤独感令他绝望，他于是从高高的山崖坠入深谷。值得注意的是两个剧本中的自杀动机：爱情失意和自我欺骗。第一个剧本无疑反映了妒忌心理。

自由主义的《萨尔茨堡人民报》（1906 年 4 月 2 日）对《万灵节》基本上持友好的态度，它甚至赞扬特拉克尔的语言生动有力，同时也提到与易卜生《群魔》的相似之处。与此相反，教会报刊《萨尔茨堡记事》的评论令人吃惊，评论者不仅轻蔑地否定了这位新手的语言才华，而且对此十分不满：作者让他的主人公说，只有幼稚无知的儿童还会相信《圣经》。人们可以把剧本看作青年人的胡闹而宽恕这位尚未成年的诗人，该报写道，但令人不解的是它怎么可能被采用。编辑还明显影射浪荡文人施特赖歇尔，抨击这个不敬神的现代剧将败坏青年的道德。

尽管该剧的舞台效果估计很差，但有限的成功仍然促使《萨尔茨堡人民报》编辑部，请年仅十九岁的作者有机会时为报纸撰稿。从 1906 至 1908 年，特拉克尔确实在该报发表了一些散文：抒情随笔和情绪低沉的作品，1909 年还发表了好些诗作，其中有《赫尔布鲁恩的三个湖泊》《圣彼得墓园》《擦肩而过的女人》《虔诚》和《完成》。诗人的晚期作品与作为时代风格的新浪漫派的小情趣完全对立，可他却以情绪小品步入诗坛，这给人一种异样的感觉。

他在报纸上发表的第一篇文章是叙事小品《梦境》（1906 年

5月12日），副标题为《一段插曲》。这篇随笔多愁善感，其中有一句预言般的话，由诗人借一个老人——叙述者的叔叔之口讲出：“孩子，你的灵魂要受苦。”在《源于金圣餐杯》之后（这个标题数年后被布施贝克选为诗人死后出版的早年诗集的书名），相继发表了梦幻曲《巴拉巴斯》和对话《玛丽亚·马格达莱娜》，后者令人联想到奥斯卡·王尔德的《萨洛美》。另外，《萨尔茨堡报》同年登载了散文《遗弃》，它已带有特拉克尔的风格。尽管这些感伤作品内容空洞、题材古怪，它们却显示出现实主义者的观察方式，具有典型的新浪漫派特征。在一篇书评中，他尖锐地批判当代流行小说：“如果在我看来，高卢的长篇小说为史无前例的形式崇拜之巅峰，俄罗斯的叙事诗堪称最暴烈的精神革命的源头，那么，我认为我们中欧的小说作为印刷物大多一钱不值。”另有一篇短评，谈古斯塔夫·施特赖歇尔的一次讲座，已经达到引人注目的专业水平，特拉克尔的这位良师和恩人1908年2月在米拉贝尔大厅择要朗诵了“自然浪漫派喜爱的灵魂悲剧”中的一部，即诗体剧《莫纳·维奥兰塔》。在评论中，特拉克尔以惊人的深刻睿智、准确无误的评价和对创作问题的洞察力写出下面几句话，它们大概也与诗人自己的创作和意图相关：“实属罕见：这些诗句多么深刻地触及问题的实质，言辞的音韵多么轻松地表达出难以表达的思想并牢牢抓住转瞬即逝的情绪。这些诗句有某种令人信服的本领，它们像女人的娓娓絮语迷住我们，让我们倾听言辞的起伏旋律，忽略言辞的含义和分量；这种语言的小调使感觉陷入沉思，将梦幻般的倦意输入血液。只是在最后一场，当雇佣兵队长出场时，才以雄浑、坚毅的大调音响彻全场，诗剧在急速升高的音调中化为一曲生命喜悦的狂热颂歌。”

独幕剧《海市蜃楼》同样出自别人的两部风格迥异的剧本，同年初秋 9 月 15 日，它遭致了明显的失败。当地舆论界固然有人肯定受霍夫曼斯塔尔的精雕细琢风格影响的庄严而华丽的语言，但是一致认为题材古怪，纯属可笑；演出的缺陷（大概属实）也受到尖锐批评。甚至连对特拉克尔怀有好感的《萨尔茨堡人民报》也客气地暗示，做一个真正的剧作家，他还欠火候，大概得暂时收敛征服舞台的雄心。

第一个剧本不太令人信服的小小成功——想必主要由于父母的社会名望——和第二个剧本的彻底失败动摇了特拉克尔的自信心。人们今天可以有把握地猜测，他之所以敢于作出施特赖歇尔鼓动他作的尝试，不过为了向从前的同学证明他的天才，自从他被迫离开文科中学之后，他们就把他当二等公民对待。意图落空了。文学圈子的朋友都毫无兴趣，何况他人。他不得不处处甚至在家中忍受别人的冷漠，他愤怒，他无法理解；只有布施贝克支持他，可是大概连布施贝克也没有隐瞒自己难以苟同的看法。

特拉克尔仔细消除了失败的每一道痕迹（只有首场演出的节目单幸存，大概不在他手中）。被刺伤的虚荣心和被挫杀的功名心使他郁郁不乐，他的创作陷于停顿。他怨天尤人，离群索居。有一则逸闻：他曾公开发泄对恶劣的报刊评论的不满，在咖啡馆，他高声向侍者索取教会的《萨尔茨堡记事》，称之为“恶臭炸弹”，因为他觉得该报是卑鄙的同案犯。

然而，他并没有一蹶不振。虽然1907年出诗寥寥，但好像三幕悲剧《唐璜之死》至少已经构思成熟，他也许从莱瑙的《唐璜》获得了创作激情。该剧仅存片段，是施内迪茨在萨尔茨堡的遗物中发现的两场。抄在练习簿上，好像还有提纲和几份异文，总共才六页。剧本可能完成于1908年，至迟1909年，这一猜测有两个依据：与同一时期的诗稿（署有日期）相比较以及模仿的风格。弗朗茨·布鲁克鲍尔声称，特拉克尔1912年才向他朗读全文，他当时“与其说被剧情吸引，不如说为美妙和别致的语言所折服”，他证实剧本完整，演出需要一个晚上。

为布鲁克鲍尔一个人朗读后不久，特拉克尔告诉他的朋友，他把剧本烧了。大约因为艺术质量欠佳，我们知道，1910到1912年已有几首完全成熟的诗问世。

另一个更晚的舞台作品是木偶戏《蓝胡子》，一个描写凶杀的、恐怖的惨剧，已充分体现了青年作者反常的艺术风格，作为心理压抑的产物和“狂飙突进”似的诗章颇有启发意义，现存八页散篇。从手稿扉页可以知道，这部短剧写于 1910 年 2 月 5—6 日，据泽巴赫和菲舍尔推断，它大概作为开场小戏为安东·艾谢尔的萨尔茨堡木偶剧院而作（但事实上剧院 1913 年才成立）。现存手稿肯定不是定稿；也可能根本没有定稿。

剧首就是一首怪诗，标题为《引子》：

正直的看官，你尽管挞伐
这部荒唐可笑的闹剧，
到我们下次相逢，等着瞧吧，
主人公会走上德行的正路！
阿门！

剧本采用仿古文体，雕琢华丽的语言与普拉代尔的骑士剧相近，这部押韵的木偶戏算不上正经诗剧，但可以用它来临床透视作者。这类诗句：

啊，子夜，你这发情的新娘，
渐渐苍老，变蓝，化作死之花——

以及下列短语或古怪的措辞：“鸢群再度翩翩盘旋于斯

地……鲜血新娘之夜……上帝—撒旦……疯狂之夜……月亮像滥醉的窑姐直勾勾地瞪视……阿斯拉埃尔的振翅鼓翼……啊！啊！真教我胆颤心惊……月夜勾起了群兽和百合花的情欲”，它们激荡着如此暴烈的情欲，好制造绝对恐怖的气氛，但是效果适得其反。若在今天，这个剧本会很畅销，会畅销不衰，只要人们不知道它的作者。例如，下面的诗句恐怕不会让谁背脊发凉，它们由伊丽莎白——蓝胡子的下一个牺牲者“如痴如醉地”倾诉出来：

来吧，亲爱的！火焰流泻在我的发间，
我已忘却，我已忘却昨日的热恋。
血封住我的咽喉，卡住了嗓子，
从此我再也没有一夜的眠息！
我欲在阳光下赤裸裸地行走，
让众人的目光把我穿透，
我欲为自己乞求百般的煎熬
并使你痛苦，只为疯狂的癖好！
我的孩子，来吧！畅饮我的激情！
我的热血，你不是久欲一尝，
不是渴慕我燃烧的秀发的波动？
你没有听见小鸟在林间欢唱？

拿去吧，把我的一切，哦爱人，

你是强者，快拿去我的生命！

极度的性虐待—受虐狂与明显的露阴癖和早期诗歌对魔鬼的信仰交织在一起，后者可从以下诗句略见一斑：“魔鬼穿过罹病的魂灵……/梦游人瞥见孕妇贴身而过/在黏稠的光罩中。”结尾的提示对于了解这部“啊啊作品”的作者也不无启发意义：“他把她拽入深谷。人们听见一声尖叫。然后深深的寂静。过了一会儿，蓝胡子出场，血淋淋，醉醺醺，恍恍惚惚，像被刈割的庄稼似的栽倒在耶稣受难像下。灯光渐暗：上帝!”

我们再次感受到被堵塞、被引入迷途的性欲的骚动，感受到畏神的惊悸，这种畏神跟早期诗歌中的情形一样（如《圣人》和《虔诚》），乃是耶稣受难在诗人身上的重演。由此可见，即使在1910年最早几首成熟的诗问世之后，特拉克尔仍旧总是退回到青春期的世界幻想和性幻想。

施内迪茨认为，极端地讲，特拉克尔在1908年前后是一名精神罪犯。尽管根本无法证实，他那几年有过特别放荡的性生活，但是他的想象非常恐怖，渴望犯罪，沉溺于性欲反常的意念。在他的宗教诠释者中，埃尔温·马尔霍尔德博士最能深刻而痛切地理解他（并于1925年二十五岁时自尽，随他而去），马尔霍尔德在其论文《人和诗人——格奥尔格·特拉克尔》中写道："性欲激烈地萌动，将他掀倒：'恶魔的阴影爬上他的头顶……'特拉克尔身上有天才的两个危险，魏宁格尔如此描述：他从小就克制犯罪欲，尽管它顽强地浮现在他冷漠的脸上，像一道烙印，令众人不敢趋近；但这个郁郁寡欢的人一直到死都害怕完全陷入疯狂，有时他已被疯魔擒获。"弗里德里希·约翰·菲舍尔对迟现的《蓝胡子》之魔力作过具体解释，切中要害。父亲已到暮年，衰老多病。格奥尔格知道或感受到，父亲的商行将倒闭，家庭将失去经济支柱。他有种预感，他将可怕地失去艺术家生活的物质基础，落入无家可归的处境，这种预感大概正是《蓝胡子》"遗精"的原因之一。

我们有意在木偶戏这里作了长时间的盘桓。在青春期前的泥淖里，令人恐怖的叙事谣曲所表现的幻想的衰亡情调还只是显得滑稽（如让·保罗所言：与崇高相反），可是当它在晚期的剧本断片中再次出现时，它已被提升为启示般的梦境，反映出被诅咒的种族的没落。我们毫不犹豫地把《蓝胡子》视为通向诗人创作高峰的前站或阶梯。我们也毫不犹豫地把这部残剧列入特拉克尔的最佳作品之中，同时也列入德国表现主义最天才的杰作之中。我们还会在适当的地方加以讨论。

陌生的女郎

特拉克尔的妹妹格蕾特是一个令人感兴趣的独一无二的人物；她以其属性的神秘之光照亮了——或遮蔽了——诗人的灵魂。无论在他的生活舞台上，还是在他的想象世界中，她都扮演了主要角色，他把她化为一个传奇人物，化为神话，把她与自己融合为一个超越了性的概念的两性人，从而把他俩魔鬼般的肉欲隐入诗的譬喻之中：少年与女少年，陌生人与女陌生人，修士与女修士。他对她至死“忠贞不渝”——在临终的诗里还呼唤她，恳求她。他毕生为他的上帝而沉思，而歌唱，但他发现自己为上帝所遗弃，当他的上帝在加利西亚屠宰场化为乌有之时，妹妹便成为唯一对他有意义的真实存在。临终之时，陪伴特拉克尔的不是一个虚构者，而是一个人！

只要读过格蕾特·特拉克尔写的少许信件（客观地讲，指那些可以读到的信件），人们就会产生一种想法，在他们两人中，没有任何建树的格蕾特其实更强有力，更男性化，甚至更有才气——她的天才被彻底摧残了。她被描写为狂热、暴躁、野性难驯。在一张童年的照片上，她脸上有一种野性的沉郁，“坚毅的姿态咄咄逼人，不像女孩子”（施珀里）。小时候，她的长相就酷似格奥尔格。后来益发相同：鼻子大而有力，宽大的脸轮廓分明，透出活力和性感。施珀里觉得，在她脸上“既有迷乱失落的表情，也不乏男性的气质”，他的观察无疑属实。这张脸刚健、冷峻，蓄满阳刚之气，尤其格奥尔格肯定有所觉察，他才特地为她生造了男性人物的女性表达：“女陌生人”“女修士”“女少年”。[①] 人们可以继续设想：女魔鬼、女月亮、女死亡。在本书开始提到的关于特拉克尔的演讲中，海德格尔谈到一句诗，“妹妹月亮般的声音/始终响彻灵性的夜”，认为它暗指女月亮，在女月亮的清辉里，星星“变得苍白，冷凝”，古希腊诗句就有过类似描绘。

特拉克尔把妹妹纳入自己诗歌的虚幻世界之中，把她化入自身；这是一种神秘的结合，它联结两人并使之化体，既使之化为肉身，也使之化为精神。肉体的合一在乱伦中完成，意义有限，

---

① 这些词原本专指阳性，特拉克尔自己加上了阴性词尾。

因为肉体的合一永远不会像精神的合一那么完善，那么令人陶醉。不过特拉克尔还是为格蕾特肉体上的背叛而痛苦。早在1912年，布施贝克好像与格蕾特有过一段短暂而狂热的恋爱经历，特拉克尔大概很晚才知道，并且一直保持完全的沉默（他与这位老朋友最后的通讯联系是一张发自维也纳的明信片，日期为1913.8.15），在谈话中，布施贝克始终否认兄妹之间事实上有过结合。他认为，格奥尔格的负罪感和压抑起源于一种一再出现的“意念罪”。这种辩护没有根据。

人们只要去查找那些被岁月湮没的痕迹，就难以摆脱这样一种感觉：所有知情者，尤其幸存的家庭成员都竭力抹去那些微弱的痕迹。例如，哥廷根的特拉克尔研究者在搜寻信件的过程中常常发现，诗人的信件或多或少神秘地失踪了。参议教师汉斯·斯克莱纳尔对此有言：“1926年，弗里茨·特拉克尔少校想把1899至1900年的信件卖给路德维希·封·菲克尔，未遂，这批数目不详的信件下落不明；它们大概是特拉克尔写的家信。”斯克莱纳尔还在《关于格奥尔格·特拉克尔遗留文稿的初步报告》中写道（见《欧福里翁》54/1960，该报告通过发表于《文本与批评》1960年第4期的补充报告最后完成）：“可以断定，特拉克尔致妹妹格蕾特·兰根的信件已经遗失，这大概是最惨痛的损失……如果说不愿把遗留的书信公之于众，这在一定程度上还可以理解，那么，特拉克尔的家人通常以漫不经心的态度对待他的书信，则永远令人费解……同样让人疑惑的是，在萨尔茨堡的家庭成员竭力把格蕾特·兰根——诗人心爱的妹妹——留下的信稿置于自己的保护之下，其中无疑包含特拉克尔的部分手稿，至少有他的书信。家人虽有些怀疑，却满足于她丈夫 A. 兰根的解释，信稿存放在柏林一幢出租房内，被人窃走……在卡尔·博罗莫伊斯和特拉克尔的妹妹格蕾特·兰根那里，估计有丰富的亲笔材料，但可靠的证词尚付阙如。”前面提到过作家卡尔·博罗莫伊斯·海因里希，他精神非常压抑，在因斯布鲁克，特拉克尔与他情同手足，对他几乎没有任何隐瞒，人们从斯克莱纳尔的报告中不无诧异地获悉，他已把“早年”与诗人通信的部分信稿“付之一炬”。

更有甚者，对诗人与格蕾特的关系，他最亲近的家人不仅始终讳莫如深，而且把外人澄清事实的尝试扼杀于萌芽之中，他们使自己退缩到难以企及的位置。沃尔夫冈·科登如此叙述拜访特拉克尔家的经历（《行动》,1950,5,6）：“谈话确实很困难，已经退役的少校先生小心翼翼；这自然有其道理。他碰上过纠缠不休和不负责任的人，他们误解了原话，立刻从中编出一本小说，把已经故世、常在诗中被呼唤的‘苍白的妹妹’置于丑闻之中，把拜伦的激情强加于格奥尔格。”这大概指维尔纳·里姆施密特的特拉克尔中篇小说，一部有气氛、有艺术性的散文作品，仿佛出自特拉克尔的手笔，不过谨慎地勾勒了格奥尔格与格蕾特的关系——与特拉克尔自己相反：“室内昏暗，谎言和淫乱一度焚烧他的头颅”——对诗人的性格和精神形象根本无伤大雅。

特拉克尔的兄弟姐妹的态度主观上可以理解，客观上则难以宽宥，那些以严谨的科学精神从事研究的人员与轻率的新闻记者毫不相同，更不能与搞专题特写的画刊文人相提并论，但是，他们却被迫扮演侦探的角色，尽管这里与犯罪无关——如果对格奥尔格引诱格蕾特吸毒不予考虑（这也并非暴力行为）——更无犯罪后果可言；不妨引用歌德的一段美妙而又宽容的话语：“瞧瞧百合花吧：丈夫和夫人不是发自一根花茎？他俩不是被孕育他们的花朵结合在一起？百合花不是贞洁的象征？它那种同胞的结合不会带来丰硕成果？大自然若是嫌恶，就会大声说出来。”

作为灵魂医师的特奥多尔·施珀里自然特别深入地诊断过所谓格蕾特情结，他强调指出，特拉克尔“谜一般的突出个性自然诱使人们编造神话；一方面是关于他生活放荡的荒诞流言，危言耸听，另一方面则倾向于将其一生改编为圣徒传记。二者都意味着对诗人的歪曲，对付歪曲只有一个办法：不带偏见地展示诗人的真实特性”。施珀里甚至出于研究者的公正之心为诗人的生前好友辩护，他们曾经对他“隐瞒自己的堕落，忽视或不愿正视某些经历和往事”，以便更好地维护还活着的诗人。可是，在五十多年后的今天，这种心理疗法已于死者无益，相反，最微小的整饰“均有碍于他作为人的真实性，无论有利还是有害，无论人们现在喜欢还是厌恶，真实就是真实”。

我们研究特拉克尔的目的并非想挖掘这位伟大而在其伟大中隐含着悲剧的诗人的任何病态心理，使之暴露于光天化日之下。不过有一点：格奥尔格·特拉克尔肯定不是一个圣人，虽然有过暂时的禁欲（尤其在他最后两年），但是，禁欲与早年的“性欲反常”同属于这位怪杰的精神特征：一个过分紧张的人截然对立的两极，在他身上，天禀、环境、社会传统无不留下病态的烙印。在调查过程中，我们有机会阅读特拉克尔尚未发表或经过审查的亲笔文件，当然仅限于萨尔茨堡时期，也听到过他以前的中学同学的众多看法，恰恰在荒唐的性生活方面，它们最终都归结到诗人过分强烈的性欲，归结到他放荡不羁和濒于崩溃的生存。还是看一看他的面容吧！他脸上难道不是既有罗季翁·拉斯科利尼科夫的特征，也有“好色之徒”斯威德里盖洛夫的影子，后者将永恒视为“一间熏得漆黑、布满蛛丝的木澡棚”？

例如，在一次以新教方式举行的枯燥乏味的圣诞聚会之后，特拉克尔与一帮朋友结队开往萨尔茨堡一家妓院，在那里演出了一场不堪描绘的大学生闹剧，一场纵欲尽欢的疯狂发泄，特拉克尔虽然没有积极参与，却毫无异议地留在现场。此事尚有文字材料可查。还有一些色情的（或反犹太主义的）文字也出自他的手笔。后来，当他的创作形式得到承认，诗艺变得纯熟，据说他对猥亵的言辞深恶痛绝——绝不可能当着他的面说下流话，他总是十分尊重地、充满敬意地谈论女人，哪怕是妓女。

下面一段文字中，施珀里似在影射上述妓院闹剧（此外还不乏其例）：“特拉克尔与妓女早有交往。对此，与施特赖歇尔和豪尔的友谊以及波德莱尔、兰波、陀思妥耶夫斯基的作品可能都是触发媒介……但是，据说他仅仅对一位青春已逝、红颜已衰的女人一往情深，在她身边一坐就几个小时，或者默默饮酒，或者滔滔不绝地自言自语。他们自称并未发生关系，但我们还知道一个……荒唐的场面，足以表明特拉克尔的性格特征和精神状态。同样不可忽略对偷看别人性交的描写，以及叙述与女侍、女仆等人的关系中他所显示的侵犯姿态的文字……尤其从《索尼娅》和《阿弗娜》[①] 中可以看出，妓女对他而言超越了性的概念，成为‘被压迫和被侮辱者’的象征，于是不难理解，一次过狂欢节，他正在托马赛利咖啡馆大吃狂欢节鲤鱼，这时突然站起来，要送糕点给犹太人胡同的妓女。”如果认为诗人只是出于文学或人道

① 索尼娅（玛尔梅拉朵娃）是陀思妥耶夫斯基《罪与罚》的主人公之一，她被迫卖身。阿弗娜是奥格斯堡的地方神。根据神话，她本来是祭司，委身于陌生的男人，直到两位修士纳西苏斯和费利克斯使她皈依基督教；她为忏悔的妓女充当守护圣徒。其标志为松塔——男性生殖器的象征。——原注

的动机光顾妓院，以便向那些最受压迫的女性表示慰藉，这种想法只是一种善良的愿望，也是那些为特拉克尔撰写圣徒传记的作者的一个基本特征。我们绝不能忽视反市民的冲击倾向，它也暗中针对自己家庭的“阔绰”和父母对性尝试的禁锢。

总之可以证实，在特拉克尔一生中，主要出于性爱（灵与肉）的交往大概不止一个女人——格蕾特除外。正如布鲁克鲍尔所言，早在文科中学时期，妹妹对于他就已经是“最美丽的姑娘，最伟大的艺术家，最罕见的女性”；谈到她，他总是“充满发自内心深处的狂热”。青年时代的朋友也都提到，他毫无保留地赞同瓦格纳在《女神》中对乱伦的大肆颂扬。

我们在第一章讲过，特拉克尔与妹妹的关系大概早已萌发，因此，不可弥补地失去或者（更有可能）某个第三者销毁了兄妹间那些年互通的所有信件，这就格外令人遗憾。从 1900 至 1905 年夏天（现存第一封致卡尔马尔的信）这段时间空白更是令人痛心。

同两个姐姐一样，格蕾特尔常常在外地生活。在母亲的敦促下，她十一岁去圣珀尔滕（下奥地利）市立中学就读，住在英国女孩的学生宿舍；接着，她在维也纳布尔格胡同的少女教养院（西昂圣母院）度过了两年。所以，这位小新教徒读过的所有学校都属于天主教的妇女社团。1908 年秋，当格奥尔格开始在大学学习时，格蕾特还不在维也纳；直到 1909 年 9 月，她十七岁时才尾随他来到帝国首都，在音乐学院学习理论，并在鲍尔·德科内指导下练习钢琴。

只是在维也纳那段时光，兄妹俩基本上能够保持不受限制的联系，然而对两人同样不幸的是，持续时间相当短暂，因为格蕾特很快移居柏林；格蕾特尔没有与格奥尔格住在一块，据玛丽亚·盖佩尔说，正是在那段时光，格奥尔格一再帮妹妹搞毒品。她大概在萨尔茨堡就沾过毒品，随后益发不可收拾，跟哥哥一样嗜毒成瘾，她的毒瘾好像比格奥尔格还大。

在维也纳期间，特拉克尔时而沉浸于吸毒后的亢奋，时而进入可怕的清醒状态，这首先得归结于兄妹间劳心伤神的关系。特拉克尔终生以“柔情的和气愤的关怀”（布施贝克）眷顾格蕾特，此时，他大概每天都不能不看见引诱妹妹吸毒造成的后果，路德维希·封·菲克尔在此一语中的：“妹妹的殉难图，此即他自己十字架受难的投影。”格蕾特当时也向其他人乞讨麻醉剂，例如，她写信给布施贝克：“……我不想因为鸦片给您添麻烦——我的处境有些可怕。从格奥尔格的脸上和情绪上，您可以发现我一部分痛苦的微弱痕迹……”

在此期间，格蕾特与格奥尔格一样回家探亲，她通常在萨尔茨堡度假。父亲去世后，她于1910年夏末定居柏林，在恩斯特·封·多赫纳尼那里继续深造。在维尔默斯村膳宿公寓，她结识了房东汉森太太的侄子阿图尔·兰根，比她大得多，据说是一个书商。施珀里猜测，“姐妹们逃入阴暗的花园，逃向瘦骨嶙峋的白发老人”，这行诗写的是格蕾特和那位男人（玛丽亚·盖佩尔称他：巨人一般），这里暂不讨论；1912年7月17日，格蕾特与他在柏林结婚，当时她不满二十岁。

无论精神方面还是性方面，特拉克尔与妹妹的关系都是隶属关系，就此而言，兄妹俩有时交换了位置。这种关系起源于他对她的强烈倾慕，他觉得她与自己有某种神秘相似，而格蕾特一方面更善于生活，另一方面则动摇不定，难以拘束，她似乎早就没有忠实地守盟，这肯定使格奥尔格痛苦不已。我们讲过，1905—1906年的独幕剧《万灵节》几乎是不加掩饰的忌妒心的产物；因此，失去这部幼稚的作品对于了解诗人的生平同样是不幸的。富有生活乐趣的年轻姑娘名叫格蕾特，她被彼得——一个盲目的青年狂热地爱着。在民间语言里，“盲目”是一个特殊词汇，它修饰爱情、激情，尤其修饰忌妒心。彼得“盲目地”相信格蕾特爱他，当他发现格蕾特欺骗他时，他因疯狂而自杀。不难看出，彼得是格奥尔格的化名；可是诗人没有改变妹妹的名字，也许出于报复心理；不管有意识还是无意识都无关紧要。

八年后，格蕾特·兰根因堕胎身患重病，特拉克尔去柏林看望过她，大概就在这之后，他以对话体写出了那篇伟大的幻觉作品——被其发现者沃尔夫冈·施内迪茨取名为《晚期剧本片段》；其中某些段落是晚期抒情散文《启示与没落》的前身，由于火山爆发般的激情（犹如希腊神话中的独眼巨人）而显得语言粗糙，却益发透出磅礴气势。（如果把剧本片段比作炽热的熔浆，散文诗则像冷凝的黝黑的熔岩。）这部“剧本”的人物言语恍惚迷乱，仿佛在喃喃念叨巫师痉挛的咒语。剧本以家庭和氏族为“题材”，一如特拉克尔的惯例。这部残剧是一个个人的神话，它蒙着假面，就像一个变调的音箱；菲克尔有句话评价特拉克尔的好友，用在这里最为中肯：他们“像一部神话般的悲剧的角色，为命运所驱使，他自己则不得不扮演悲剧的主角”。

剧中人物为约翰娜、幽灵、彼得、克尔莫尔、佃农。序幕的场景是一片荆棘丛生的荒原，第一幕在佃农的茅舍里进行。格蕾特这次不是以真名出场；她被唤作约翰娜，一个不祥的邪恶的约翰娜，彼得如此谈论她：“哦，妹妹在刺丛里唱歌，鲜血从银白色的手指淌下。汗珠渗出蜡样的前额。谁在饮她的血？”幽灵被约翰娜称作“亲爱的妹妹”，或为格蕾特的自我的分裂体和发散物。剧中的格奥尔格再次以 1906 年的化名出现：彼得；他精神严重失常（其实是同一时期自画像的文学翻版）。与约翰娜类似，他具有双重自我：一个是彼得，另一个是克尔莫尔——类似于民谣中的骑士兼罪犯形象。克尔莫尔渴望获准夜间进入佃农的茅舍，即回家，因为佃农不是别人，正是托比亚斯·特拉克尔：他把彼得叫作“鬼鬼祟祟的儿子”和“乞丐”，彼得饥饿地坐在“满是沙砾的耕地边沿”；他称约翰娜—格蕾特为“女儿，夜风里白色的声音[①]，为紫色的朝圣整装待发；哦，你是我的血肉，月夜的小径和梦游人”。彼得代表特拉克尔灵魂里有意识的光亮区，可视为自我；克尔莫尔则是灵魂的阴暗区，扑朔迷离，睡梦沉沉，情欲骚动，可视为本我。当彼得怀着同情或同样的激情谈论约翰娜时，克尔莫尔却发出梦呓，怀着赤裸裸的欲望畏怯地应和：“……星星的脸蒙着冰凉的面纱；歌唱的陌生女郎——我心中翻卷着阴沉沉的浪潮……姑娘，你燃烧的下腹在星星的池塘里……放出来吧——黑色的虫子，它啮咬我的心，泛一片紫光！颓废的月亮尾随穿过腐烂的卵石……”（彼得战栗地谈到克尔莫尔：“他的睡梦滴着血”，佃农曾称他为“可怕的上帝，他降临到我家”。）当克尔莫尔从昏睡中醒来，约翰娜试图把他引到自己身边，他看见她，认出了她，一声嘶叫：“夜风里的笑声；腐烂和

① “白色的声音”是格蕾特的标志。《启示与没落》中，一个白色的声音命令诗人：“你自杀吧！”马尔霍尔德认为，特拉克尔一再念及自杀，“也许还受到妹妹的激发——与她同归于尽”。——原注

黑暗中的蒺藜台阶；地狱的紫色火焰”——就在此刻，像娜美西丝[①]一样“高高挺立”的梦游女人也诅咒他：“让你鲜血横流——谁让你闯入我的睡梦。”

此时此刻，我们眼前呈现出一幅光怪陆离的图像，它糅合了致人死命的憎与爱（由“气愤的关怀”转化而成）和难以诉说的隔膜，一座无法逃避的地狱：由最恐怖的臆象和幻觉构成的米诺斯[②]迷宫。这是最完美的德语“心理剧”，一部古典表现主义作品，名词化的隐喻完全淹没了实际的措辞，这是我们谈过的不祥的一代的最纯粹的表达。单凭现存这几场戏，人们就应该知道，那代人曾经有过何等的遭遇。

剧本脱稿半年之后，特拉克尔去世，无法弄清剧本的篇幅本来更大，或者只是《启示与没落》的草图。据说在他死后，格蕾特完全陷入无依无靠的处境。1915 和 1916 年，她不得不在因斯布鲁克和慕尼黑（新和平之家）接受戒毒治疗，虽然菲克尔继续给予她慷慨的援助，可她无法振作起来。格蕾特为寻找职业路过家乡，恰逢菲克尔所在的部队野营路过萨尔茨堡（约在 1915 年初秋），她当天写信给在德累斯顿的布施贝克，说她大概很难找

① 希腊神话中的复仇女神。
② 传说中的希腊克里特岛之王。

到一个安身之处，“我是一个离过婚的女人，这必然会引起许多人反感”。被丈夫抛弃之后，她在柏林经历了一个接一个的精神和物质危机。她在那里的熟人赫尔瓦特·瓦尔登（《风暴》的出版者）、卡米尔·霍夫曼和其他人好像对她也爱莫能助。

在一次聚会之后，她走进隔壁房间，开枪自杀了，据说她聚会时情绪很好。那天是 1917 年 9 月 21 日，兰根夫人时年二十五岁。

对于特拉克尔，血液似乎是“一种极其特殊的汁液”。它是一种媒介，把他与古老的氏族、与列祖列宗、与整个种族连接起来——这里与血液相关的不是生理特征，毋宁说是某种远古魔幻时代的因缘。血液一词反复出现在他的幻想中，引人注目，每次运用这个词都拼劲全力，并且显示出隆重的气氛——某种宗教色彩，某种殉难者的血证。然而，如果人们愿意把特拉克尔的“血液”理解为一种隐喻，那么它并非宗教或梦幻词汇，而是“种族主义的词汇”。新圣庙骑士①伦茨·封·利本费尔斯虽然在理论上是金发碧眼的神圣日耳曼种族的鼓吹者，却对犹太人卡尔·克劳斯崇拜得五体投地，他的血液神秘主义在特拉克尔的诗中得到了

① 圣庙骑士团是 1119 年在巴勒斯坦为保护圣墓而建立的宗教骑士团。

遥远的呼应。

只有这样才能够解释，为什么诗人把自己与格蕾特的关系看作亵渎血液的罪孽，看作该遭天谴的隐秘。只要血液与种族相关，其重要性对于他就好比一根铁链，它牢不可破地维系着他，使他成为同类和自己氏族的一员。马尔霍尔德对此认为："在这种对妹妹的倾慕之中，在'一个野蛮种族的神秘的爱'之中，特拉克尔第一次强烈地感觉到蜕化的诅咒，再也无法获得安宁。"他以某种方式痛苦地觉悟到这种结合违背自然，而这种方式恐怕从不被类似于歌德那样的放荡不羁的全才所理解。

只要提到特拉克尔与妹妹的乱伦结合，模糊的证明大多援引十四行诗《恶之梦》："在公园，兄妹战栗地相互审视"，人们更喜欢引证的还是《血罪》一诗，大约与《圣人》创作于同一时期，属于少年诗作的早期阶段。"乱伦"更准确的译法是"血亲相奸"；特拉克尔自言"血罪"：这个词表达了他与恶和罪的联系以血液为媒介。

血　罪

黑夜逼近我们亲吻的巢穴。

有人低语：谁赦免你们的罪孽？

依然震颤于邪恶而甜美的情欲，

我们祈求：饶恕我们吧，仁慈的圣母！

贪欢的芳香一阵阵从花坛袭来，

侵蚀我们的前额因罪孽而苍白。

煽情的风儿吹得人迷迷糊糊，

我们梦想：饶恕我们吧，仁慈的圣母！

可是那塞壬①之泉益发喧腾，

罪孽使斯芬克斯更加阴沉，

心灵再次震鸣，此罪难赎，

我们叹息：饶恕我们吧，仁慈的圣母！

但是还能找到更早的痕迹，例如，出自同一本早年诗集的三首《谣曲》中最短的一首：

一座闷热的花园立在黑夜里。

那令人惶恐的，我俩彼此隐瞒。

① 希腊神话中半人半鸟的海妖，以迷人的歌声诱杀经过的船夫。

我们的心因此而惊醒，
无法承受沉默的负担。

没有星星开花在那个夜里，
也没有一个人为我俩祈求。
唯独一个魔鬼在黑暗中狂笑。
一切都该诅咒！大事已铸就。

这些诗的艺术价值不大，但是内容十分重要。如像在晚期诗作、尤其在《启示与没落》中的忏悔所反映的一样，从最初的个人经历到纷纭复杂的变迁实为一条漫长的道路，它引导两位恋人穿过了名副其实的炼狱之火——他们自己造成的苦难。他们不得不饮尽“令人眩晕的痛苦之酒”。在这座地狱里，那位“犹甚于妹妹的女性”（路德维希·封·菲克尔在米劳的特拉克尔墓前的悼词中对妹妹的称呼）时时对哥哥闪射出宁静的光芒，犹如“一颗忧郁之星”，或作为他的美丽的反光。最为纯洁的大概当属《致我的妹妹》，此诗后来以《致妹妹》这个更宽泛的标题被纳入《玫瑰花环歌》之中：

你去的地方将是秋天和黄昏，

蓝色的野兽在树下沉吟，
寂寞的池塘静卧黄昏。

群鸟的飞翔悄声沉吟，
忧郁印在你的眉间。
你浅浅的微笑也在沉吟。

上帝弯曲了你的眼睑。
夜里，耶稣受难日的孩子，
星星搜寻着你的额间。

这里，耶稣受难日的孩子格蕾特尔被置入沉吟的寂静之中，而这寂静仿佛不属于这个世界。可是，只要他们活着，哥哥和妹妹两人“心中”就藏着“破碎的妹妹”。

维也纳和因斯布鲁克

1908年2月26日，特拉克尔以优异的成绩通过实习考试，从而提前半年结束了他在欣特胡贝尔的“白天使”药房的规定学徒期。奥匈帝国政府于1907年12月16日允许这位学徒提前参加结束实习期的考试。结业证书上填的日期是9月20日，似乎是在卓有成效地结束实习之后签发；证书上有师傅的签名：卡罗吕斯·欣特胡贝尔，白天使药房的药剂师。

在这一年，旧有的诗歌增添了更具独特风格的新作。紧随不景气的1907年而来的是一个创作丰收年。特拉克尔专注于他的《唐璜》剧本，并且将于同年（至迟1909年）接触到德默尔发现的由奥地利龙骑兵少尉卡尔·克拉默尔翻译的兰波作品，克拉默尔在加利西亚孤寂的军旅生活中完成了这些译作，考虑到自己的军人身份，他以K. L. 阿默尔为化名，让莱比锡岛屿出版社印制了他的译作（1907）。斯蒂芬·茨威格撰写的关于兰波生平的前言好像特别攫住了特拉克尔的心灵。其中描绘了一幅诗人的肖像，特拉克尔觉得他亲如兄长，尽管他不过像一颗流星，在文学的天空上辉耀一时，旋即陨灭："他好比一道转瞬即逝的闪电，只是无缘无故地一闪亮，片刻也不停留，悄悄地熄灭了。"这是马拉美惊讶的喟叹。（这番话难道不是针对特拉克尔的吗?）如果说波德莱尔赐予年轻的诗人毒品与词汇，兰波则向成熟的诗人馈赠了对生活的蔑视与反叛。兰波—阿默尔的言辞和图像萦回在耳畔，浮现在脑海：几乎近于剽窃的仿照，稚嫩的语言，改头换面。总之，随后那段时期完全笼罩在那位神秘的法国短裤党人的火焰标志之中，直到此标志——特拉克尔同时把它叠印在阿尔卑斯山高地的蒂罗尔风景上——沉入星光灿烂的仿古典—德意志之夜：荷尔德林。

1908 年还将产生一些诗歌作品，如像《唐璜之死》和其他早期散文一样，它们很少幸存下来。1909 年交给朋友艾哈德·布施贝克的早年诗稿已经过作者的筛选；诗集的篇幅本来还应该更大。特拉克尔不仅从未索回早年诗稿，而且曾经表示，布施贝克可以随意处置它们，有鉴于此，布施贝克后来拥有为后世保留它们的权力。无论如何，早年抒情诗"已经准备付印，它们应该能使出版商感兴趣"。事实上，布施贝克于 1909 年 12 月把诗稿提供给慕尼黑阿尔贝特·兰根出版社，它尤其眷顾现代奥地利作家；譬如，从1909至1914年，该社出版了卡尔·克劳斯的五部作品。1939年，诗集《源于金圣餐杯》终于问世，从艺术上评价，布施贝克未能以这部集子为死去的朋友赢得声誉；然而，这些早年的手迹对于分析诗人的生存具有难以估量的价值。

“弥涅耳瓦”的同伴或者停止了创作，或者找到了更有益的职业。这批未成熟的外省浪荡文人其实没有任何东西留存下来。唯一的朋友是艾哈德·布施贝克，他原想摘取诗人的桂冠。在特拉克尔的成长过程中，他的友情始终不变，他扮演了一个令人喜爱的角色。他具有结交朋友和维持有价值的关系的能力，十分熟悉文学界的情况，这一切使他成为有用的同伴和不可或缺的顾问。年幼两岁的布施贝克1909年（比特拉克尔晚一年）才到维也纳上大学（学习法律），早在萨尔茨堡，他就与首都有影响的记者和文学家如赫尔曼·巴尔建立了联系，其中主要是同代文人。特拉克尔在维也纳与艺术家和作家接触，大多通过精力旺盛的布施贝克介绍，后者很快在“大学文学和音乐协会”占有一席地位（自1911年起，他甚至担任领导）。这个有艺术才能的大学生的团体举办展览、讲座，尤其是气氛热烈的音乐会；他们的讨论不仅针对布鲁克纳和马勒，还包括两位青年作家舍恩贝格和韦贝恩。汉斯、科柯施卡、希勒和克劳斯与这个组织过往甚密，非定期出版的刊物《呼唤，致青年的传单》成为先锋派的喉舌，它由罗伯特·米勒、埃米尔·阿尔丰斯·莱因哈特和艾哈德·布施贝克负责编辑出版。特拉克尔后来也是刊物的成员。

布施贝克还向一些期刊提供朋友的诗稿，如向《西部人月刊》推荐《女妖》，未获采纳，他以特拉克尔的名义与编辑部或编辑通信，征集订户，不厌其烦地与出版社联系。他写于 1909 年 6 月 7 日的一封信是一个很好的例子，从中可以看出二十岁的布施贝克对其天才朋友的热情帮助，以便使特拉克尔在文学界为人所知（布施贝克在格蒙顿毕业于私立中学，特拉克尔在维也纳学习药剂学，第二学期）：“采取步骤使你进入屈尔斯纳文学挂历，当一位编辑接触到一个名字，总要先瞧一瞧，它是否已经排列在屈尔斯纳挂历之上。倘若如此，他会轻而易举地采纳（他会想，榜上有名没什么可说的）。这事对你其实不难（如果你自己介绍，说你的剧本已经上演过）……你尽管给那位博士先生……（使纯洁诗人“破处”之人）写一封措辞强硬的信，说未能在屈尔斯纳的文学挂历上见到你的名字，虽然你已经……你必须认认真真地为你做做广告。”格奥尔格·特拉克尔与广告！诗人以热情洋溢的话语对这位能人所作的不懈努力表示感谢，在一封信中，他称他为“神通广大的人”，并发出感慨：“哦，布施贝克与推销！”他在别处写道：“……正如我最好把我自己托付给你一如既往的真情实意，你曾试图把我的诗推荐给出版社。”

1908 年 1 月 1 日，特拉克尔到了服义务兵役的年龄。不言而喻，对于一个家境阔绰的商人的儿子（且受过相当的教育），还是当一年的志愿兵来完成通常为期三年的兵役更为适宜。虽然特拉克尔无法拿出对此必不可少的高中毕业证书，但是，鉴于他圆满地通过了实习考试，4 月 28 日的通知允许给予他立即服一年兵役的优待。兵役实际自 10 月 1 日开始，即在同年 6 月和 7 月通过口试之后，他刚刚获得药剂学硕士学位。

1908 年 9 月底，特拉克尔迁往维也纳，在大学选修药剂学专业。这座帝国的首都以及奥地利的京城一开始就使他厌恶，而他将在这里度过四个学期，还要当一年军队药剂师。特拉克尔从未隐瞒，他从内心深处憎恨这座“肮脏的城市”——这是他在 1913 年 11 月致菲克尔的信中对维也纳的称呼。在维也纳，最初的日子很孤单，他只是有时与施瓦布和卡尔马尔相会；据特拉克尔的中学同学的母亲卡尔马尔太太讲述，1908 年（或 1909 年），他曾为她和她儿子朗诵刚刚完成的《夜歌》，并为她抄录下来。

特拉克尔在维也纳无亲少友，在寒冷的出租房里做“寓公”，这大概使他在家里就有的忧郁心情更加沉闷。另一封跟往常一样没署日期的信大概是 1910 年 7 月中旬写给布施贝克的，因为信中有这样的话：“此外，我已经完成两门考试”——可能指 6 月

28 日和 7 月 9 日的口试，对陌生的大城市的绝望感在信中表露无遗，而他只能偶尔回家几天暂且逃避：“我在维也纳万分孤独。我忍受着！一直到前不久接到一封短信，尔后，孤独被巨大的恐惧和前所未有的放弃取而代之！我愿意把自己完全隐蔽起来，寻一处不为人所知的地方。但我总是停留在言辞上，或者确切地讲，我始终处于可怕的无能状态！难道我还要继续以这种语气给你写信？多么乏味！……一切都变得面目全非。人们注视着，观看着，而那些微不足道的事没完没了。人们越是富裕，就越是贫穷。”

特拉克尔固然蔑视城市生活，但是他并不蔑视团体，并不蔑视他曾在《梦魇与癫狂》中提到的那类团体——“人们美好的教区”。就连萨尔茨堡——他在这座城市度过了童年和少年——他也怀着极度的憎恨（和自我憎恨）痛加挞伐，他在 1909 年致布施贝克的一封信中写道：“在这座被诅咒的城市里，我还得羁留多久？”1912 年（致勒克）的信中，他觉得老朽的、幽灵般的萨尔茨堡是“一座已经僵死的城市”。结识菲克尔及其朋友之前，他也从骨子里厌恶因斯布鲁克：“我从未想到，”1912 年 4 月他致信布施贝克，“我竟会在这座最残酷、最卑劣的城市——它存在于这个负担沉重的被诅咒的世界上——度过这段沉重的时光，当我想到，一个陌生的意志也许会让我在这里忍受十年痛苦，我就禁不住泪流满面，因极度绝望而痉挛。为了什么而受苦。我将永远是一个可怜的卡斯帕尔·豪泽。”

维也纳拜倒在小歌剧男高音歌手的脚下，陶醉于最肤浅的玩意儿，对诗人而言，这座在一切艺术领域中反动透顶或绝对传统的（这也许更糟）、敌视精神的城市，不过是最悲惨的衰亡和即将来临的没落的金玉其表的象征。他从未奉献给京城一行诗，尽管在没有成见的人看来，它如此撩人心魄。文艺沙龙把来自外省的他拒之门外，在这类场合，他那种半野蛮人的禀性大概也被人惊诧和讥笑。如果一个艺术家没有足够的适应力去迎合风度翩翩的讥讽者和怀疑者的这个主导阶层，诸如霍夫曼斯塔尔、里尔克或茨威格，那么，他就不得不像阿尔滕贝格一样在马戏场扮演小丑，或者如“火炬—克劳斯”（名利场的行话）一般与这个阶层展开殊死搏斗。总而言之，维也纳是这样一个城市，“那里居住着腐朽的一族，冷漠而阴险”。

1908 年 10 月 5 日，特拉克尔刚到维也纳几天，就给已在萨尔茨堡出嫁的姐姐米娜（米娅）·封·劳特贝格写了一封不无启发意义的信。这封信是一份具有重大意义的文献，它足以表明特拉克尔如何深受欲望压抑之苦，以及他如何痛苦地意识到这种自我压制、自我摧残：

“……近日在我身上的发生的事情和对它的观察颇令我感兴

趣；因为我觉得这样做非同寻常，可又并不怎么反常：我审视我的一切秉性。来到这里之后，我仿佛第一次看见生活如此清晰，一如其本相，不带半点个人的解释，完全裸露，没有前提，我仿佛听见那一切被现实所诉说的声音，残酷的声音，它们传入你的耳中，令你难受。那一刻，我感受到某种压力，它习以为常地积压在人们的肩上，也感受到命运的逼近。

“我坚信，如果充分感觉到一切动物的欲望，这些欲望驱使着生命穿越世世代代，那么，永远生活在这样的感觉之中真是可怕。我感到、嗅到、触摸到我身上那些最可怕的可能性，听到魔鬼在我血液中号叫，成千上万长着毒刺的鬼怪，它们的毒刺使肉身发狂。多么恐怖的梦魇啊！

“过去了！这个真实的幻景今天又沉入虚无，我觉得事物远去了，它们的声音更加遥远，我再次凝神谛听，以赋有灵感的耳朵，我心中的旋律，我愉悦的双目再次梦幻着那些比一切真实更美好的图像！我在我自身这里，我就是我的世界！我的完整而美好的世界，充满无限的谐音。”

疯狂的肉欲与海市蜃楼般的语言世界！这封信是近代德语文学最绝妙的艺术家证词之一，同时它还证实，神经病的体质和创伤的经历——乱伦罪和对那些欲望的畏惧，它们若被发现就会招致外部的危险——诱发了青春期神经官能症，在此范围之内逐渐形成一种近似于（内因的）精神变态的状态，如果这种状态处于精神变态之起始而并非已是此变态——这种情况无法在死亡之后确诊，施珀里一再重申。这封信也令人惊讶地表明，抑制不可接受的欲望要求使特拉克尔越来越感到吃力，而且这种抑制即是对实情的厌恶。就是说，诗人此时再也无法应付那一刻摆在他面前的现实，它“不带半点个人的解释”，即没有任何主观的歪曲，“完全裸露，没有前提”。他不是祛除此现实的丑恶，勇敢地投身于现实，使它与自己化为一体，而是把它幻化和魔化为凶神恶煞，其间并无片言只语提及上帝，尽管上帝似乎应当或者必定在困境中援救他这个虔信之人。特拉克尔早已不堪承受现实的压力，“它习以为常地积压在人们的肩上”，不管愿意与否，人们都必须竭尽全力去对付。他毫不反抗地把自己交付给对“命运逼近”的恐惧，交付给摩伊赖[①]——他的戈尔戈[②]。惊慌失措的世界恐惧攫住了他，他把它与对自己身上“最可怕的可能性”的恐惧视为同一。如同在他的幻觉中氏族的命运扩展为人类的命运，而今他个人的恐惧也扩展为生灵共同的恐惧。只不过他的灵丹妙药不是上帝，而是安眠药，当创作的精神快感过去之后，安眠药

① 摩伊赖：希腊神话中的命运三女神。
② 戈尔戈：希腊神话中的女神，与厄运抗争。

帮助他遁入假死，遁入伪装的虚无。

这封信好比一把钥匙，借助于它可以找到那一飞跃发展的出发点，1909和1910两年凭借这一发展而意义非凡。在维也纳这两年中，诗人完成了向适合他的独特形式转化的突破；最初的成熟作品脱离了早期作品，前者的界限和系谱渐趋模糊，更无清晰的结构可言。他把残渣废料——寿终正寝的早期作品遗弃给他的朋友，随他任意处置。从此，烈焰益发显得灿烂夺目，并将越燃越旺，直到最终从那座工场炽烈的烟雾中熔炼出压轴作品的纯净形态。

预考于1909年5—6月顺利通过，此外还有一些令人高兴的事。明尼克已迁居维也纳，布施贝克秋天将在这里开始他的法律学习，他寄了好些诗给赫尔曼·巴尔，请他审阅并给予推荐，“我［特拉克尔］觉得他的评判价值极大，无论他如何评判。我对他的唯一期望是：他澄净而自信的气质将在一定程度上稳定并澄清我动摇不定、疑虑重重的天性。除此之外，我更有何求！这便是我梦寐以求的主要目的”。还有几首诗通过布施贝克被维也纳月刊《挑刺者》所采用，这是一份高水平的音乐和戏剧刊物（1910年7月第2期登载了《赫尔布鲁恩的三个湖》第二稿）。而格蕾特当真愿意从秋天开始师从保罗·德科纳学习钢琴！

然而最重要的是：前所未有的创作激情终于来临。一首接一首的诗仿佛在冲动中写就，越来越远离昔日的楷模（兰波除外）。澄净而独特的形象即将诞生。下述话语无异于赎罪，无异于情感净化！1909 年 6 月 11 日的书信以文字表达了对布施贝克的“屈尔斯纳”鬼点子的谢意，从中发出一种沉静的欢呼：“倘若长年困扰某人而且痛苦地渴求拯救的那一切骤然降临，始料未及地得到澄清，终于获得自由并开创自由，你难以想象，会有何等的狂喜掳去这个人的生命。我度过了幸福的日子——哦，但愿我还会有更加丰富的日子，源源不尽，好让我把领受的一切再给出去——重新领受它，承纳它，就像每个有此能力的邻人一样。这才是生活！”

其他事情：格蕾特尔终于在维也纳找到寄宿处，格奥尔格的第二年（最后一年）大学生活于 10 月 4 日开始。布施贝克在大学注册。他一到来，诗人离群索居的生活就受到各种文学活动的冲击。早期诗歌已经筛选成集交给朋友，不再过问，布施贝克开始征集订户，因为已经约定出版这部集子。赫尔曼·巴尔与多瑙河王朝最受欢迎的饶舌报刊《新维也纳报》的主人勒文施泰因一家和主编雅克·利波维茨关系极好，该报 10 月 17 日发表了三首诗（附有编者按），即《擦肩而过的女人》《完成》和《虔诚》：特拉克尔在首都报纸上的处女作，他必须感谢巴尔，当然也有布施贝克一份功劳。稍后，他俩在巴尔那幢具有“青年风格”的别墅里受到接见，别墅坐落在上菲特路外边。这位著名批评家和剧作家以克利姆特的标志——大胡子和画家罩衫——迎接两位年轻人，和蔼地与他们交谈，谈话主要在巴尔和布施贝克之间进行。

遗憾的是，巴尔对无名的萨尔茨堡诗人的兴趣好比一束燃烧的稻草。虽然开始火焰熊熊——主要因为特拉克尔的诗使他联想到由他广为传布的巴洛克风格——但他旋即把诗人忘到九霄云外，不再过问。对这位风度翩翩、假仁假义的男人，格蕾特直到格奥尔格死后也无法宽恕。她曾经从萨尔茨堡写信给知心朋友艾哈德·布施贝克（巴尔 1918 年升任城堡剧院经理时，招聘他去宫庭剧场作剧务秘书）：“你也许会从其他方面获悉有关你朋友巴尔的消息。他在这里把所有教堂搞得紧紧张张，令我气愤；八点半钟他就在教区礼拜堂用膝盖走路。这是为了得到一点施舍……”

1909 年 12 月 18 日，布施贝克将早期诗歌的全部手稿寄往兰根出版社。他欣喜地向正在萨尔茨堡逗留的朋友报道：“第一百名订户今天有了。”如前面所述，与出版社打交道的第一次尝试只落得否定的结局。

布施贝克的记忆似乎不佳，他后来如此描述那段时光，仿佛特拉克尔在维也纳的交际圈仅限于明尼克、施瓦布和他本人。

“他从不与文学家或任何社交人士交往。”这句话也许只能说明特拉克尔在维也纳生活的最初日子。人们今天已经从报道和书信中知道，布施贝克慢慢使他的羞怯而封闭的朋友与一系列大致同龄的诗人和记者熟识起来，其中有埃米尔·阿方斯·莱因哈特、保罗·斯特凡（格林）、阿尔贝特·埃伦施泰因、阿图尔·恩斯特·鲁特拉、路德维希·乌尔曼、罗伯特·米歇尔和汉斯·布雷卡（后来还有教会《帝国邮报》的副刊编辑和以假名出现的小说家汉斯·施蒂夫特格尔）；诗人与鲁道夫·卡斯纳、布鲁诺·布雷姆等人有泛泛之交。不错，他们之中没有谁在他的生活中有过持久的影响，如果拿他们与后来维也纳的朋友作一比较，例如洛斯、科柯施卡、克劳斯，更不用提菲克尔、K. B. 海因里希、涅克；同样不错，特拉克尔从未自愿与“社交人士”交往，只要布施贝克不在维也纳（时常有这类情况），他立刻退缩到经受过考验的青年朋友和酒友施瓦布和明尼克那里。

特拉克尔在其稀罕的文字材料中毫不拘束地发表对自己的艺术的看法，其中有一份材料，我们甚至得归功于与这类文学交往相关的一个特殊事例。1910 年初，诗人结识了同龄的维也纳作家路德维希·乌尔曼及其妻子伊雷内，特拉克尔与她之间后来萌发了友谊。诗人把诗交给乌尔曼，似乎为了供刊物发表。在一封未署日期的书信中（布施贝克的遗物里有此信件，大致日期——

1910年6月中旬——出自埃迪特·格勒本—许茨的一篇透彻的文章），特拉克尔向朋友讲述了一件事，“它使我相当难受”。

“乌尔曼先生昨天为我朗读了一首诗，之前做了长时间的解释，说他的东西与我的相近，等等，我发现，就我所听到的而言，它与我的一首诗《雷雨之夜》岂止相近。不仅各个图像和短语几乎是逐字照搬（排水沟飞舞的尘埃，云彩一列野马，风撞击玻璃格格作响，霎时闪烁咆哮，等等，等等），而且各段的韵脚及其组合均与我的诗完全相同，完全不同于我那种如画的风格，它把四段四行诗中四个零散的图像局部熔铸为一个单一的印象，一句话，直到最微小的细节都模仿了我作品的外形和刚刚掌握的手法。虽然这首‘相近的’诗缺少充满活力的激情——正是它必须为自己创造这种形式——而且我觉得整首诗像一件缺少灵魂的粗劣制品，但是默默无闻的我却无法听之任之，也许下次，就会在某个地方看见我自己形象的漫画，当作面罩挂在一个陌生人的脸上。确实，这个念头使我恶心：在我步入这个缺乏想象力的世界之前，就受到一个殷勤的家伙的抄袭盘剥。这个充满尔虞我诈的臭水沟使我恶心，除了紧闭门窗，把一切伪君子拒之门外，我别无选择。此外我愿沉默。”（特拉克尔的怒火很快平息了。他让布施贝克向乌尔曼致谢，因为乌尔曼在斯蒂芬·茨威格那里为他出过力，后来他多次让人问候乌尔曼；1913年2月，他对一篇评论表示谢意，“评论使我很高兴”，同一时间，他打算寄一份《埃利昂》的手工纸抄本给乌尔曼。）

这份文献表明，特拉克尔也许是第一次如此自觉地以批评的目光审视自己；他当时“在成熟期的开端经历了一个阶段，开始意识到自己的创作方法”（斯克莱纳）。随后在另一封致布施贝克的信中，特拉克尔通过进一步阐述他独特的创作方式，补充说明了“如画的” “刚刚掌握的手法”以及“充满活力的激情”：“……但是，我目前被太多所困扰（旋律和图像纷至沓来，泛滥成灾），以致我无暇他顾，只能刻画出极小部分，最终面对无法驾驭的一切，我发现自己不过是一个可笑的半瓶醋，微不足道的外部冲击就能使他陷入痉挛和谵妄。——那就让最难以言说的荒凉时代无尽延续吧！人们竟过着何等纷乱而无意义的生活！我已致信卡尔·克劳斯，完全客观冷静——大概难以期望他的回复……”

另外，前面摘引的那封书信还透露出，最初几首成熟的诗（《雷雨之夜》为其中之一）大致于1910年夏天已经问世。涅克把这首诗收入《诗集》（库尔特·沃尔夫，莱比锡1919），排在第六位；它与《衰亡》《米拉贝尔宫的音乐》《女人的祷告》《美丽的城市》《在一个被遗弃的房间里》和《宗教之歌》构成了特拉克尔作品的庄严隆重的序曲。

雷雨之夜

哦，傍晚，红色的傍晚时辰！
闪烁摇晃于敞开的窗棂
葡萄叶乱纷纷被卷入蓝光，
里面巢居着恐惧之幽灵。

尘埃飞舞在水沟臭气里。
风撞击玻璃发出震鸣。
一队又一队疯狂的骏马
闪电驱赶刺眼的乌云。

池塘的镜子哗哗碎裂。
海鸥呼叫在窗户旁边。
火灾星[①]从山冈奔驰而来，
摔碎在树林冒出火焰。

---

① 据传说，火灾星戴红帽，骑着马，奔到哪里，哪里就失火。

病人在医院尖声叫喊。

夜晚的羽翼淡蓝飘临。

转眼之间暴雨咆哮

忽闪忽闪敲打房顶。

可以说，特拉克尔成熟期及晚期作品所特有的梦幻技巧——随意排列的或下意识地衔接的图像——在《雷雨之夜》中尚嫌稚拙。他的诗此时仍然是经过巧妙处理的现实，筛选之后的现实在诗中自然一直保持到最终。可是，随着与现实的间隔越来越大（心理上表现为广场恐怖症和突如其来的自我感觉的丧失），社会化的抒情主体“我”越来越远离外界和“你”，远离团体和自我表达之需要：一个纯粹沉醉于内心的表达世界诞生了，它带有某种与非生命相关的东西。思想逃避变为图像逃避，尚可朦胧领会的陈述变为狂热谵妄的呓语（剧本段片），过去的连续幻景日益强烈而频繁地被撕裂，如今简明扼要，断断续续。保留下来的或许不过是再也无法陈述的东西，是绝对的缄默。当特拉克尔（约1911年）把改写过的《怨歌》寄给布施贝克时：

女友，拿绿色的花朵耍把戏

游玩于月色的花园——

嚯！紫衫篱背后什么在燃烧！

金色的嘴触动我的双唇，

它们鸣响如星辰

在基德隆溪的上空。

可是星云沉于平原之上，

舞蹈也疯狂而难言。

哦！我的女友你的嘴唇

石榴嘴唇

成熟在我晶莹的贝壳嘴上。

我俩的身上

沉重地眠息着平原金色的沉默。

鲜血向天空蒸腾

被希律王杀害的

孩子们的天空。

他做了如下补充：“附上诗的修订稿。它胜过原稿，因为它现在已是非个人的，充满动感和幻觉，几欲爆裂。我确信，与初稿有局限的个人的形式和风格相比较，现在以这种普遍的形式和风格将为你言说和喻示得更多。请你相信，使自己无条件地服从描述对象，这对我并不容易，将来也永远不容易，我今后必须总是不断地纠正自己，以便把是真实的东西给予真实。”

特拉克尔这里所说的“真实”和“普遍”，是指封闭的内在，是指独立地直接地观察事物，不再受外部世界的制约。除了这种绝对的真，还须保留绝对的美，于是便提出了一个问题：特拉克尔是否真的意识到了他诗歌中绝对的美。人们几乎要持否定回答。美可以使人在一定程度上忘却一切痛苦——欣快制造欣快。然而，恰恰在特拉克尔写作并雕饰最美的诗篇那些日子，他受苦最深。涅克曾为自己摘录诗人在一次谈话中的一句话：“……人们拒斥完成的美，这做得很对，面对这种美，除了呆呆地看着，再别无选择……”

诗歌的真实怎样根据与事物的真实的疏远程度而日益走形，就是说：接近现实的隐喻被远离现实、扭曲真实的隐喻所取代，这自然在无数异文中表现得尤其清楚。例如，在作于 1913 年 1 月的《逸妄》中，原来的图像“黑夜的污秽从屋檐滴下”更换为“黑色的雪”，比较具体的方位“沉入折复屋顶”改为“更普遍”、更撩拨情绪的“沉入空荡荡的屋子”。尽管不存在黑色的雪，尽管由白色到黑色这种神话般的转变让人联想到爱伦·坡的小说《阿瑟·戈登·皮姆的难忘经历》中的南极岛世界，那里白色被焚烧，因为白色意味着一切事物的终结，但非现实的图像却能够立刻被人接受，只要读懂了全诗。再如一根指头浸入某种坚硬、固态、骨质的东西，仿佛它是一种液态的媒介，以及人头碎裂，但仍然“追思”。“似乎史前时代魔幻的最后残余还循环在诗人的血液里”，特奥多尔·察佩尔的话在此不无道理。

黑色的雪从屋檐缓缓流下；
红色的手指浸入你的额间，
蓝蓝的积雪沉入空荡荡的屋子，
恋人的积雪是渐渐消失的镜面。
正裂为沉重的碎片，头颅追思
那影子在蓝蓝积雪的镜中，
死去的妓女的冷冷笑靥。
石竹的芬芳里恸哭晚风。

1912 年 7 月 27 日，涅克在日记里记下了特拉克尔的一句话，按照这句话，人无法表达自己，即使用诗歌。“人根本不能表达自己。”值得注意的是，这个无疑极其严肃的看法恰好在创作的高峰期提出，它作为座右铭，恐怕会长时间影响精神的发展；同年 6 月底，开始创作《埃利昂》。特拉克尔至死未能跨越可言说之物与沉默之间的界限。

1910年2月初，血淋淋的木偶剧《蓝胡子》在两天之内完成，无论内容还是形式上，它都给人一种明显退回到更低级的发展阶段的感觉：一次迷失的退步。那张椭圆形的照片大概也出自同一时期，照片上的特拉克尔光着脖子，埃尔温·马尔霍尔德认为，照片显示了“一张罪犯的脸”，H. G. 法尔肯贝格说，照片可能是在特拉克尔吸毒后拍摄的。总之，它“让人发怵……赤裸裸的脖子和肩部更强化了野蛮的总体印象”（施珀里）。我们觉得这张强奸杀人犯照片还有某种连带效果，仿佛特拉克尔正为一场阴森森的化妆舞会摆出姿式。谁摄下了它？是格蕾特？

正如旁人的证实，父亲的死（萨尔茨堡，1910.6.18，命运攸关的日子）给格奥尔格和他的亲人带来了深深的震撼；除此之外，半座城市都在哀悼这位诚实、乐天的老商人。令人诧异的是，在特拉克尔现有的通信中未能找到这一件事的记载，大概应当归因于诗人正处于考试的最后关头。根据维也纳大学哲学系的药剂师考试记录第210号，特拉克尔的硕士考试于6月28日、7月9日和7月21日进行。学位证书上标明，格奥尔格·特拉克尔先生修完各项课程，获得药剂学硕士学位。此外，诗歌创作似乎使他如此繁忙，以至于没有时间过多追思，正是在这段时间，“纷至沓来、泛滥成灾的旋律和图像”困挠着他。

况且还有不少事摆在那里，不知如何了结。格蕾特移居柏林，这样就远离了他的关照范围。7 月底，特拉克尔回到萨尔茨堡；整个 8 月和 9 月他待在家里。10 月 1 日，他作为一年的志愿兵在维也纳服役。

我们对那段时间的情况知之甚少。现在可以确定，布施贝克以前的陈述有误（他的陈述后来被其他传记作家采纳），据他声称，特拉克尔服役期的第一部分在因斯布鲁克，第二部分（半年）在维也纳。不仅他的军队护照上的登记与此不符；从特拉克尔最初从因斯布鲁克发出的信件（1912 年初）也很难看出，他对该城的了解基于很早就驻扎在那里。军队护照最终证明，“一年志愿兵，军衔：军士药剂师，格奥尔格·特拉克尔”从 1910 年 10 月 1 日至 1911 年 9 月 30 日在维也纳帝国第 2 救护队服现役。根据兵役法第 28 条，他获准自费享受一年现役的优待。自愿期满之后，特拉克尔被转到因斯布鲁克国防后备区，属非现役级。可能是帝国德语区茂密的灌木丛导致因斯布鲁克转为非现役级，以此替代应在该地履行的部分现役。

有迹象表明，在父亲去世和格蕾特突然迁往柏林之后，格奥尔格酗酒日甚，更不用提吸毒了。“施瓦布在维也纳逗留了十天，”他于 1911 年 5 月 20 日致信布施贝克，“我们前所未有地狂喝滥饮，通宵达旦。我觉得，我俩完全失去了理智。”另一封信发自萨尔茨堡：“但我明白：我还要再喝酒！阿门！”发自因斯布鲁克："酒，三倍的酒：酒，让这位帝国官员如棕色的、红棕色的潘神[1]夜夜呼号。"又一封发自因斯布鲁克的信（1912 年 12 月）："我前天喝了十杯四分之一升红葡萄酒。凌晨四时，我在阳台上做月光浴和寒冻浴，早晨终于写出一首漂亮的诗，它冻得直哆嗦。"施珀里写道："还只是下午，他通常已经在因斯布鲁克的酒店里，在约尔盖勒，歌德酒吧，金玫瑰或奥托堡喝下了大约一升葡萄酒，有时甚至能灌下十杯四分之一升……人们从未见过特拉克尔的醺醺醉态，因为酒神的本事恐怕他更多只是在理论上显露。相反，据说他通常越喝越清醒，大抵在他外表能看出醉态之前，使人麻痹的毒劲就已经征服了他。"特拉克尔无法与禁酒会会员、不吸烟者和其他健康信徒为友，这一点还可以从一封明信片的内容看出（萨尔茨堡，1910 年 8 月 29 日），信上含蓄地揶揄针对一位从前的学友，法科学生安东·莫里茨，阿特采："我最近掉了五公斤肉，但感觉甚好，由此了结了本世纪普遍的精神烦恼。但愿我们很快在维也纳以矿泉水、汽水、牛奶和不含尼古丁的香烟庆贺重逢……"

在维也纳，特拉克尔经常更换住处——流落大都市的外省学生的共同命运。1911 年 5 月，他在朗德大街克利姆施胡同 10 号

---

① 潘神：希腊神话中主宰森林畜牧之神。

附 7 号住过一段时间（作为一年的志愿兵，他允许拥有私人住处）。1912 年 10 月，特拉克尔在劳务部谋到一个职位，据说他住过第八区或第九区，1913 年 7 月，迁往施瓦布所在的施迪弗德胡同 27 号，他当时临时在国防部任结算职员。

特拉克尔与朋友经常光顾的地方主要是居住地附近的餐馆。富有情趣的乌尔巴尼地窖（宫廷旁边）多次成为安静的研讨会场所，好像还常去“银泉”旅店和普拉特尔酒店；在普拉特尔，一位剪影师曾经当场制作他和格蕾特的剪影。另外还知道他与朋友们去周围的葡萄产地郊游，如乘齿轨铁道车前往克拉普芬瓦尔德和卡伦山。虽然内心恐怕不大乐意，然而事实上，特拉克尔一再与布施贝克和另一位维也纳熟人弗朗茨·蔡斯光顾赫伦胡同大名鼎鼎的中心咖啡馆——许多成名或未成名文人日夜逗留的地方，以便在那里与乌尔曼、布雷卡以及其他人相聚，例如，他曾与阿道夫·洛斯——曾经多次参与斗争的先锋派建筑师和生活改革家——在博物馆咖啡馆，与克劳斯在帝国咖啡馆或在其住宅洛特灵大街 6 号聚会。奥斯卡·科柯施卡当时住在二区普拉特尔附近的一间画室里，他在一次谈话中透露，特拉克尔常去看他：“我们合作了《旋风》（现存巴塞尔博物馆），我还见过他的一幅画像。我画《旋风》时，特拉克尔天天待在我身边。我有一间非常简陋的画室，他悄悄坐在我身后一只啤酒桶上。有时候，他喃喃地唠叨不休。然后又沉默几个小时。我俩当时是市民生活的叛徒。我离开了父母家。我的画展和剧本在维也纳搅起满城风雨。他还在一首诗里借用了‘旋风’这个词……”此话不假，只是不知内情的人难以领会二者的联系——如果当真存在着某种联系。晚期诗作《黑夜》写道：

周遭民族的烈火
金闪闪燃烧。
那红彤彤的旋风①
沉醉于死亡
扑向灰黑的礁石；
冰川的蓝色
波浪……

我们讲过，在父亲死后，托比亚斯·特拉克尔商号由玛丽娅·特拉克尔—哈利克太太和她的养子威廉·特拉克尔接手经营；实际经管的是威廉·特拉克尔，玛丽娅太太不过是形式上的掌柜。按期支付的费用如今来自威廉，作为见多识广、经验丰富

① 旋风：Windsbraut，字面上的意思是风新娘。

的商人，他负责在此期间已经缩小的家庭的生意买卖。虽然家里寄来的汇款完全“与身份相符”，诗人在军队以及后来在因斯布鲁克期间却陷入越来越严重的经济困境。他不得不时常向朋友借债，以满足他喝酒吸毒的嗜好。没完没了地向哥哥甚至向母亲要钱，这大概使特拉克尔非常难受。下段未署日期的信文也许与此相关（可能写于 1911 年晚秋）：“我的境况始终不明朗，我忧心忡忡地等待。多么烦人的处境！”

特拉克尔的整个生活作风随情绪而变化。一般而言，他在成熟期生活简朴，没有什么需求，我们还知道，意识到自己属于心满意足的市民家庭和特权阶层，偶尔使他受到良心谴责。他甚至可能为此而痛苦，尽管由此而来的优越的物质条件对于他的境况至关重要。对待普通人——“人民”——他毫不掩饰自然流露的、常常出自本能的友情，而在与所谓上等阶层的成员交往时，他时时显得粗暴，这些都可以归因于尚未意识到并最终确立的阶级觉悟。

尽管他在修士般的感悟中感受到赎罪和忏悔的冲动，他的生活花销却仍旧远远超出他的收入，因此总是入不敷出。大量饮酒的需求同样耗费许多钱财，正如埃迪特·格勒本许茨针对 K. B. 海因里希所写的，这种需求归咎于他“自身的过分清醒和心灵的脆弱”。为此，他一再写信给知心朋友布施贝克，尤其当他 1913

年初在因斯布鲁克部队任药剂师时，他处境窘迫：“我迫切地请求你借给我50克朗。我本想向菲克尔先生求援。但我觉得实在太难。”三天之后，他再一次迫不及待，“因为我已经陷入绝对的困境”。

涅克于1912年6月17日在因斯布鲁克与诗人相识，他也很快在日记里写下：“借给特拉克尔10克朗。”大概由于这类事日益频繁，涅克终于在日记里发泄出他的怨气（1913,10,26）：“他每月需要200克朗；每天2克朗饮酒吸烟。多少人可以完全靠这笔钱生活。”

长期不断的缺钱和家庭情况的变化迫使特拉克尔在服役期满之后寻找一个正常工作。尽管他不得不很快就认识到，他的精神状况以及长期喝酒吸毒的伤害恐怕已经使他难以胜任持久的职业工作，但是直到他死的那一年，他一直在尽力地尝试和奔波，这实在令人感动不已。从1911年10月15日至12月20日，他试图在萨尔茨堡以前工作过的地方——欣特胡贝尔的天使药房——做药房配方师，但是以失败告终，他无法忍受配药室工作的精神负担。他对自己的处境越清楚，就在压抑的情绪里陷得越深，早在青春期，他就饱尝过压抑的情绪之苦，如今他再也无法逃脱。

对于特拉克尔，那些日子唯一的休憩是他在“潘神—萨尔茨堡文艺团体”里的交往，他的朋友布鲁内蒂—皮萨诺把他引入

“潘神”。已故艺术学家和教育家路德维希·普雷豪采尔曾为“潘神”留下一份内容详尽的回忆，在这个圈子里，特拉克尔还结识了浪荡文人卡尔·豪尔（1875—1919），一个患肺结核的瘦削男人，一副病态，但是才华横溢。豪尔与特拉克尔一样出自优越的市民家庭（父亲在萨尔茨堡经营一家大面包房），他是地地道道的市民灾星，愤世嫉俗和才智敏捷的怀疑论者。1906 年的施特赖歇尔插曲再度重演。这段等候的时光属于他一生中最放荡不羁的若干阶段之一，在此期间，特拉克尔在“天使”药房的小小挫折之后得以去军队药房重新服役，1911 年 12 月 1 日，他被任命为战时后备军药品候补军官（相当于少尉）。他与豪尔结交的方式令人回想起他对妹妹的百般依顺。施内迪茨写道：“在他们结交这几个月，两人中断了与外界的联系，沉溺于尽情放纵、狂喝滥饮，也许还如饥似渴地纵欲。”还有人认为，从年长十二岁的豪尔与特拉克尔的关系中可以见到魏尔伦与兰波之间关系的影子。

在《火炬》杂志尚能宽容其合作者那几年，卡尔·豪尔常为它撰稿。他学过国立小学教师专业，但从未实践。在抨击庸人道德的同时，他培养了犀利的思维和高超的雄辩技艺，他写的文化及社会批评论文（一部分收入 1911 年出版的随笔集《论快乐的与不快乐的人》）也许至今仍有活力，尽管其政治背景早已不复存在。特拉克尔似乎从未清楚地意识到社会现实与他的衰亡哲学之间的联系（至少从未从中得出实际结论）；肯定不像豪尔那样清楚，后者不啻是一个尖刻而客观的思想家，不曾受到形而上学迷雾的影响。两人可能把他们那种期待基督的千年帝国的“无政府主义”（其实是小市民的“无政府主义”）视为某种能够改变社会的人际关系结构的东西。此外，正是豪尔使特拉克尔建立了与克劳斯和洛斯的联系；在诗人去世的前一年将由此产生令人愉快的友谊。

普雷豪采尔对“潘神”圈子的回忆录有助于我们了解特拉克尔对父母家的态度。在团体成员的聚会地——萨尔茨堡咖啡馆，“四十多岁的汉斯·韦伯一卢特考和年轻的特拉克尔常常午夜之后还坐在一起。两人在比试神经质：韦伯一卢特考抖抖索索地把小咖啡杯送到嘴边，特拉克尔则抓出匣子里的火柴，一根一根地折断，以此伴随他的自白，诸如此类——我觉得至今还听见他那疲乏的嗓音：‘我最爱读歌德的《亲和力》，这本书多么静谧、柔和。’可是此刻，每个词听起来都蕴含着蔑视，像是对现实的否定和弃绝。这可以从他另外一些话得到解释，它们给人以一种不幸的家庭气氛的感觉。与此相应，他也经常流露对‘朴素的生活’的渴慕，以及‘一杯牛奶、一块面包便是他最好的晚餐’”。这类“修士的”苦行感悟可以与彻夜的狂饮欢宴急速轮换，颇能说明特拉克尔天性中的矛盾心理，正如他认真地甚至顽固地试图立足于市民生活，却又始终使自己沉入虚无，即完全拒斥市民和一切同商业、物质相关的东西："他无法理解那种把德国搅得四分五裂的毫无意义的强力与商业精神，以及西方的体育理想主义和对幸福贪得无厌。他这番话针对这个世界：'我唯愿刽子手的利斧将每一个德国人放倒。'这句话是在一次热烈的交谈之后讲的，他站在九柱戏球道上，手持九柱戏球。"（马尔霍尔德）

他固有的变幻莫测的矛盾心理甚至同样反映在朋友或偶然相识的熟人为他刻画的不同肖像上。例如，海因里希提供了他朋友的下述形象："天性优雅……他无须任何礼仪来显示优雅。因此与任何方面一样，他对待他人的外部举止也如此纯真；他有一种难以形容的简单问候方式，他的神态总是让我动心……他对劳动人民和蔼可亲；他时常会对所谓有教养的人严酷无情，可是对人民，他总是如此亲切，如此善良。就是说，他的表现并不怎么古怪，毋宁说'无可挑剔'，上流社会的人会这样说……"瑞士作家汉斯·林巴赫写过一段文字，谈到与特拉克尔、菲克尔和达拉戈在因斯布鲁克交往颇吸引人，他笔下的诗人形象几乎迥异："这时候，特拉克尔径自步入房间。他站立时，显得比坐着矮小敦实。没有任何高兴的表示，只有一声含糊不清的问候，他与我们握手，然后落座。他面部轮廓粗糙，像一个工人；粗短的脖子和马虎的穿着——没打领带，衬衣只系了一颗纽扣——还能给人什么更强烈的印象。尽管如此，他脸上透出某种非同寻常的尊严。但是，阴沉得近乎凶恶的表情给他增添了一种罪犯特有的魅力。因为事实上：他的脸孔僵化得像一个面罩；讲话时，口几乎没有张开，只是眼光间或阴森森地闪烁。”其他与特拉克尔有过交往的人士以其描述证实，这段报道并无歪曲或偏见，而是与事实相符合。就连待特拉克尔好比伊萨克·辛克莱待荷尔德林一样的路德维希·封·菲克尔，也曾提到诗人本质中的“闪烁的恶”。据他讲，诗人常常肆无忌惮而且毫无道理地评论，以致“一种难以压抑的敌意从我心头升起”；菲克尔能够宽恕，因为特拉克尔严酷的话语出自一个不再属于他的深渊。1913 年，当鲁道夫·卡斯纳——一种新的（形而上的）观相术的创始人——在维也纳普拉特尔，在阿道夫·洛斯的社交聚会上唯一一次见到特拉克尔时，诗人给他的印象是“睡眠不足，肤色发暗，有些像一个纯洁的乡村孩童”。施珀里认为，这可以用特拉克尔自己的话证实：“我尚未完全出生”（据林巴赫转述，诗人曾经声称，直到二十岁他从来没有注意到身边任何东西，除了水）。蒂罗尔诗人约瑟夫·格奥尔格·奥伯科弗勒回忆到，特拉克尔常常坐在那里，脸如磐石，如礁岩，尤其早晨，他的脸仿佛在寒气里冻僵了。据另一个描述，他讲话低沉、单调，“好像声音从山洞里传出”；他时常长久地自言自语，或者阴郁地径自沉思，尔后突然放声大笑或嘀咕一阵，这时，他的目光总是越过交谈者凝视远方。另一个观察者说，特拉克尔的目光令人不禁自问，他会不会突然伤人。在特拉克尔的朋友中，似乎唯有涅克的目光尖锐而准确，他曾两度与诗人断交，因为诗人刺骨的冷漠和否定的评语令他反感——“他根本不懂得感情”。然而，涅克似乎最为贴切地道出了特拉克尔的（心理矛盾的）真实本质，他如此形容：甚至连他的外貌也同时显出老虎的凶狠与夜莺的温柔。

1911 年底至 1912 年初，特拉克尔囊空如洗，不得不卖掉他心爱的书籍，其中包括曾经长期使他着迷的陀思妥耶夫斯基的作品。出于两个原因，这一境况令人感兴趣：其一，它告诉我们诗人的情况已经多么严重，对毒品的需求已经比对他心爱之物的需求更为迫切；其二，由此为我们留下了一份书目，大概是为了拍卖剩余藏书而拟定的（从萨尔茨堡迁往因斯布鲁克之前），从书目可以知道，哪些作家如此受特拉克尔青睐，以至于他要购买他们的作品。特拉克尔在成熟期阅读什么，这个悬而未决的问题由此得到了部分解答。

书目上除了陀思妥耶夫斯基那些杰出的著名小说之外，还有他的政治书籍；魏宁格尔的《性别与性格》列在尼采的重要作品旁边；梅特林克所有重要的剧本和诗作；卡尔·施皮特勒：《奥林匹亚之春》和《普罗米修斯与厄皮默透斯》；里尔克：《新诗集》；肖的几部剧本：《坎迪达》《人与超人》；王尔德：《监狱谣曲》《道林·格雷的画像》《帕迪亚的女公爵》和一部格言集（《智慧集》）；施尼茨勒：《阿纳托尔》《孤独之路》《傀儡》《谈情说爱》和《轮舞》；霍夫曼斯塔尔：《埃勒克特拉》和《诗剧》。布施贝克 1913 年 7 月 29 日的书信对于补充这份书目不无启发，信中说特拉克尔在寻找关于哥特式建筑艺术风格的精神方面的作品，以及与此相关的涉及德国古典绘画的书籍。布施贝克就如何寻找德国神秘主义者埃克哈、陶勒和苏索的作品向朋友提出了建议。此外，如果人们还知道，达拉戈引导他阅读克尔凯郭尔的作品，他满怀激情和敬畏拜读荷尔德林和托尔斯泰，喜欢克劳迪乌斯，并且自然熟悉卡尔·克劳斯的随笔（曾在维也纳，还有一次在因斯布鲁克听过他的讲座），那么就可以大致了解他所受过的文学熏陶。

3 月底，特拉克尔接到通知，他已被录取为“帝国现役药品官员”，自 4 月 1 日起派往因斯布鲁克帝国第 10 卫戍部队医院药房见习六个月。等候期结束了。新的一章开始了，一段新的考验期——它仍然未被通过。

正如布施贝克在回忆录中的描述，特拉克尔住在因斯布鲁克火车站东边，离一座兵营不远，“在一幢普通的新房里，房子孤零零地坐落在防火墙之间，旁边没有建筑物，四周是一片玉米地”。生活和居住在这里令人绝望，然而，帝国药房繁重的工作更为严酷。“我不相信，”他 4 月底向布施贝克抱怨，“我会在这里遇见令我满意的人，我深信，市区与城郊都会使我越来越厌恶。总之我相信，你们希望在维也纳见到我，或许比我自己去维城的心情更迫切。我可能要去婆罗洲。我心中积蓄的风暴总得以某种方式发泄。也不排除以疾病和忧伤的形式，我有这种预感。”

而在维也纳的忠诚的朋友已经行动起来，至少准备帮助远方的朋友度过艰难的开端。布施贝克把特拉克尔的诗送给年轻的维也纳诗人罗伯特·米勒阅读，后者则以热情洋溢的言辞把作品推荐给路德维希·封·菲克尔，让他在《勃伦纳》上发表。其中之一《焚风卷过城郊》确实很快登载在 5 月 1 日那期上面。

针对这首诗和上面摘引的特拉克尔的信件，布施贝克于 5 月 13 日答复如下：“……《勃伦纳》是一个令人喜爱的刊物……在维也纳颇有读者，最近，经营文化书籍的书商胡戈·黑勒甚至告诉我，它是奥地利最好的刊物，是唯一可读的刊物……我的好友罗伯特·米勒已经把诗寄给《勃伦纳》的出版者路德维希·封·菲克尔，他对此很高兴，并立即准备发表。封·菲克尔先生写信让你去拜访他。你就去吧。但是要说你认识罗伯特·米勒，因为他信中讲到你是他的朋友……”

对于特拉克尔，重要之处不仅在于他的诗在《勃伦纳》上首次发表（从现在起，恐怕他所有的成熟诗作都按照创作的时间顺序刊载在有胆识的黄色期刊上），随后更为重要的还是诗人与菲克尔的相会。卡尔·涅克在 5 月 22 日的日记里记下了特拉克尔在《勃伦纳》圈子首次露面。这大概是特拉克尔一生中最重大的事件之一，因为，如果说这个被复仇女神追猎的永无安宁的人曾经有过真正的避难所，那就是菲克尔在米劳的家——烟雾别墅，或者伊格尔斯的霍亨堡城堡，其主人是菲克尔的哥哥鲁道夫。

菲克尔写道："那是在马克西米利安咖啡馆二楼。我还是于午后到达那里，以便在所谓的'勃伦纳桌'旁与朋友们相会。我刚在他们身边坐下，就有一个人引起我的注意，相隔有一段距离，他坐在朝向玛利亚—特雷钦大街的两扇窗户之间的丝绒沙发上，独自一人，眼睛张开，仿佛陷入沉思。短短的头发已经白了一绺，无法从相貌判断年龄：这个陌生人就这样坐在那里，他的神态使人禁不住打量他，同时又给人一种不容亲近的感觉，可是我已经发现，他也不断用审视的目光瞟向我们，尽管外表上专注于自己，我坐下不久，招待就递来他的名片：格奥尔格·特拉克尔。我高兴地站起来——因为不久前我发表了他的诗《焚风卷过城郊》——向他问候，并邀请他与我们同桌。"

不时袭来的恐惧感和厌恶感——"他已无法克服厌恶和恐

惧”（布施贝克《挽歌》）——以及极度的身心交瘁使军医院药房的工作成为他的地狱。根据报道，出于对顾客的恐惧，他在萨尔茨堡一个上午就曾经汗湿了六件衬衣；无论在哪里，他现在都感觉到每个人对他的威胁和迫害，这类突如其来的感觉日趋恶化。同许多人在一起使他感到畏怯。布施贝克在《格奥尔格·特拉克尔——挽歌》中写道：“他因为害怕招待员而回避餐馆，因为乘客令他不安而讨厌乘车；他再也看不见窗外的防火墙，它们似乎化为虚无，冲他狞笑；他憎恶白天，觉得白天太清晰……他心中笼罩着失落感……”

1912年10月1日，即在半年实习期结束之后，特拉克尔通过上司的两份鉴定被接受到陆军服役。仅隔四周之后，他申请转入预备役。究竟动机何在难以确定。大概是他糟糕的情绪迫使他自愿放弃，他恐怕已有预感。可是，如果愿意听信涅克的解释，那么特拉克尔放弃职位实出无奈，而且原因可笑，微不足道：特拉克尔与一位军官发生了激烈冲突，军官指责他随地吐痰，诗人对此愤愤不平。一如往常：申请被批准，特拉克尔于11月30日退入预备役。

在此期间，热心的朋友们——维也纳的布施贝克和罗伯特·米勒以及因斯布鲁克的《勃伦纳》友人——已经重新开始征求订户。10月10日，特拉克尔将在因斯布鲁克扩充后的订户名单寄给布施贝克："我想把订户名单寄回给你。成果不太喜人。"几天之后："100个傻瓜征订！"然后大约在11月："附上我妹妹的薄薄的订户名册，不知道为什么，它像一份不幸的文书极其可怕地瞧着我。"《火炬》和《勃伦纳》都登载了特拉克尔诗集的征订广告。

第二本诗集由布施贝克定名为《黄昏与衰亡》，再次递交给阿尔贝特·兰根，却同上次一样遭到拒绝，由此证明这家有名的慕尼黑出版社既无魄力，也无眼光。1913年3月19日致布施贝克的信函由科尔菲茨·霍尔姆署名，信中声称："……特拉克尔的诗歌被一致认为富有才华，尽管除初审编辑之外其余编辑持有某些异议。令人遗憾，基于上述评价未能在我们的董事会达成采纳作品所必需的一致意见……"

菲克尔在1912年10月1日的《勃伦纳》上发表了《诗篇，献给卡尔·克劳斯》，一共37行，它的某些段落让人回想起阿默尔翻译的《童年》（兰波）——这里涉及的是诗篇I，在诗人的遗稿中另有一篇同样以《诗篇》为标题的诗，只有16行，与诗篇I没有联系，现在称为诗篇II。末段如下：

一只空空的小船傍晚漂下黑色的运河。

人类的废墟风化在昔日避难所的阴影里。

死去的孤儿躺在花园的墙边。

天使步出灰暗的房间，翅膀沾满污秽。

蛆虫从他们褪色的眼睑滴落。

教堂广场昏暗沉寂，仿佛在童年的日子。

以银色的脚掌更早的生命轻轻滑过。

被诅咒者的影子躺入呻吟的湖水。

白色的术士在他的墓穴玩他的蛇。

上帝金色的眼睛在头顶默默睁开。

此外，还有一段同样美丽的诗出自特拉克尔的手笔，其中几行可视为上述画面的雏形（也许创作于同一时间）。这段诗同样发现于遗稿之中：

为沉睡者显现，天使拖着粉碎的白色翅膀。

在橡树下前行，孤独者有燃烧的额头。

黑色沼泽地，往昔的植物沉默。

一阵低语之风，上帝，他离开悲伤的地方。

教堂已经死去。虫子在壁龛里做窠。

夏天焚毁了麦粒。牧人早已远去。

不管走到哪里，人们都轻轻触动从前的生活。

石磨和树木在晚风中空空走动。

在被摧毁的都市，夜晚搭起黑色的帐篷。

与克劳斯的关系变得更为密切。下面的散文发表在《火炬》上，题词是“谨为诗篇向格奥尔格·特拉克尔致以谢忱”：“唯有七个月孩子的目光让父母意识到自己的责任，使父母就像被擒获的窃贼坐在失窃者的旁边。他们的目光要求索回他们被剥夺的东西，倘若他们的思维停顿下来，那便是思维仿佛在寻找残余之物，他们凝眸回望耽误的时光。也有其他人沉思并接受这样的目光，但它情愿把他们获得太多的东西归还给混沌。正是这些完美者曾经就要完蛋，当太晚之时。他们伴随着耻辱的哭叫来到世界，这个世界仅仅给他们留下那一种既是最初也是最终的感觉：回到你腹中去，哦母亲，那里多么美好！”这段文字不仅说明克劳斯熟谙特拉克尔的精神存在的独特之处，而且也表达了克劳斯对世界的悲观认识，在这个世界上，“完美者”唯有一个选择：逃回母亲的腹中。特拉克尔以电报回复：“为一瞬间最沉痛的光明而感谢您。怀着最深的敬意，您忠实的G. 特拉克尔。”

转入预备役之后，诗人在劳务部为自己谋到一个职位——在写字间工作，至少可以不再在众目睽睽之下上班。求职获准之后，他立即通知布施贝克："已经任命我 12 月 1 日去劳务部就职，我就要来维也纳把诗稿亲自交给你。"接着于 11 月 12 日写道："……我度过了非常艰难的日子。在维也纳也许还会更艰难。留在这里大概轻松些，但我必须离开。"

布施贝克徒劳地等候朋友的到来。人未盼到，信已先至（从萨尔茨堡发出），特拉克尔将在家里留至 12 月 1 日，他已经从劳务部获准推迟四周。这一推迟具有历史意义：正是在这个 12 月，特拉克尔精神上最伟大的诗篇《埃利昂》进展显著，该诗最初始于因斯布鲁克。他寄给涅克一张明信片，上面是圣塞巴斯蒂安公墓："……高贵之物在这里（萨尔茨堡）已有月桂环绕白色的长眠，但是被感动者追随着生者，因为此间同样有善良与公正。"他还从萨尔茨堡寄给布施贝克诗集《黄昏与衰亡》的所有手稿（给阿尔贝特·兰根）："我花了两天时间，现在把它们寄给你，没有按照特殊的方式排列……如果你认为其他排列方式合适，请你尽管打乱按照时间顺序的编排……"然后他来到维也纳，可能在因斯布鲁克有过短暂停留。

时值 12 月中旬，工作几乎没有进展。布施贝克曾经允诺替他引见罗伯特·米勒，他可能这次结识了米勒。（在米勒那里别无特拉克尔的踪迹可寻。）12 月底，好像在维也纳发生了非同寻常的事情。12 月 31 日，特拉克尔去劳务部就职，在那里待了两个小时。一天之后（1913 年 1 月 1 日），他已经写好辞职申请。卡尔·博罗莫伊斯·海因里希如此解释：“……在维也纳无法完成《埃利昂》，逼使他回到因斯布鲁克。”这也许是特拉克尔自己对朋友的解释。他还作过两次寻找谋生职业的尝试，然后就彻底放弃了。在此期间拟定的移居国外的计划也许主要出自一种本能：环境和生活方式的彻底改变可能带来心灵的痊愈。

他回到因斯布鲁克。在萨尔茨堡稍事逗留，以便请布施贝克让他的家庭、主要让他的哥哥理解他的计划再次失败。（事实上，威廉“非常镇静地”［布施贝克］接受了这个不好的消息。）他在米劳的避难所立即向朋友承认：“我像一个死人路过哈尔——一座不祥的城市，它被我摧毁，如同一个遭诅咒的人带来的一场灾难。——我在米劳穿过格外美丽的阳光，现在仍然眩晕。在科柯施卡那里化缘，佛罗那（一种安眠药——译注）恩赐给我一场安睡……”

1913 年 1 月，《埃利昂》在菲克尔的住宅烟雾别墅完成：德语诗歌史上的一个光辉灿烂的时刻。这首诗发表在 1913 年 2 月 1 日的《勃伦纳》上：

心情寂寥的时候
多么美妙，阳光下走过

夏日黄灿灿的墙垣。
轻轻越过草地；潘神之子却依然沉睡
在灰色的大理石下。

我们在傍晚的草坪醉饮棕色的葡萄酒。
绿叶掩不住灼灼的桃红；
温柔的小夜曲，欢畅的笑声。

黑夜迷人的寂静。
在幽暗的草地上
我们与牧人和白色的星星相逢。

如若秋天来临
林子里一片肃穆的澄明。
我们怀着柔情沿红墙漫步，
目光随飞鸟远去。
傍晚白色的水沉入墓园的骨灰坛。

诗的结尾：

黑色的房间里癫狂的阶梯，

敞开的门下老人的影子，

埃利昂的灵魂窥入蔷薇色的镜中，

雪花和麻风坠离他的前额。

星星与光的白色形象

已在墙上熄灭。

地毯下爬出坟墓的骸骨，

山坡上朽坏的十字架的沉默，

紫色的夜风里香烟的甜美。

哦，黑嘴里眦裂的眼睛，

那一刻，孙子在柔和的癫狂中

孤独地沉思更昏暗的终结，

无言的上帝向他垂下蓝色的眼帘。

朋友们热情地欢迎这首诗的诞生，的确，它只能以荷尔德林的形式来衡量。路德维希·封·菲克尔在给他的信中写道（菲克尔正好也在萨尔茨堡）：“对《埃利昂》的领会越透彻，越深入地窥见它的底蕴，我就越深切地感觉到它是德语抒情诗迄今为止最震撼人心的启示之一。作品的形象俨如凝固的永恒……”卡尔·博罗莫伊斯·海因里希不禁感慨：“是的，人们将会阅读《埃利昂》。在此之前必定有许多东西走向毁灭，不仅有这代人读到的东西，而且几乎包括他们整个的所作所为……”

在那些感受和见闻都令人躁动不安的日子里，菲克尔再度发出邀请，“无论何时”，特拉克尔都可以去米劳拜访他，或者前往霍亨堡城堡鲁道夫和保拉·封·菲克尔家中做客。玛丽娅·特拉克尔太太当时被迫关闭商行，格奥尔格不愿在此危急关头袖手旁观，他立即赶回家中。菲克尔看得更深更准：“如果您在家中遇到的情况太让您难受，您肯定明白，您不必急着见我。”特拉克尔随即复信：“……我越来越深刻地感受到《勃伦纳》对于我意味着什么：一种高贵的人性的圈子里的故乡和避难所。我经受了难以形容的打击，我不知道，它们是要摧毁我，还是要完善我，面对极其渺茫的未来，我对自己的一切开始均持怀疑态度，我难以用言语表达我所感受到的一切：您的高尚和善良所赐予的幸福，出自您的友谊的宽容的理解。——近来，一种无法解释的自我憎恨日益强烈，它像鬼脸一样出现在日常生活的诸多琐事中，令我恐惧。我在此逗留已经索然无味，烦闷难堪，我没有力量鼓起勇气再向前走。”

在萨尔茨堡，他好像几度重新尝试去药房工作；下述表白与此相关："我恐怕去不了维也纳，因为从药房得到的 30 克朗报酬已有 5 克朗用于应急。" 4 月 1 日，特拉克尔乘车去因斯布鲁克。他请求布施贝克把兰根出版社退回的诗集寄到菲克尔家；他打算在那里"重新彻底、认真地整理一遍"。

菲克尔表示过这种意图：让手稿在《勃伦纳》出版社以书的形式出版，可是已经有人捷足先登。4 月 1 日，年轻的德国出版商库特·沃尔夫写信询问，特拉克尔是否愿意交一本诗集给他的出版社。

沃尔夫最初的信件大概以公司过去的名字寄出，即莱比锡恩斯特·罗沃尔特出版社，因为特拉克尔在 4 月 5 日发自因斯布鲁克那封未署名的信中提到这个名字（布施贝克一直写成"罗沃尔特"）："今天收到'罗沃尔特'出版社一封非常友好的信函，向我征求诗稿。接到信我很高兴……"

高兴转眼化为扫兴，或者可以说厌恶，特拉克尔获悉，沃尔夫并不打算按照计划的总数量出版诗集（全部稿费定为 400 克朗），而是先只出一本篇幅小得多的诗集，由出版社编辑弗朗茨·韦费尔负责审定，稿酬：150 克朗，并且作为《世界末日》丛书之一。韦费尔告诉特拉克尔，他十分钦佩地读完诗稿，他还写到"您使我深深感动"；然而，这并不能掩饰选集容量小得出乎意料这一事实。特拉克尔反应强烈，令人惊愕，可以看出诗人与出版商打交道毫无经验。他的电文如下：“……您在信中——以一种漫不经心的态度，似乎确信我的意见无关紧要——通知我，您准备先出一本我的诗选，预计四周之后见书，属于《世界末日》丛书。对此，我自然决不同意，在我的诗歌全集出版之前——只有这个是我们商定的东西——我不容许出版社出版任何未经我核准的选本……”

进一步交换信件之后终于达成妥协。经过扩充的选本简单命名为《诗集》，以平装两辑合订本在系列丛书《世界末日》里发行；第一本特拉克尔抒情诗终于以这种形式在 7/8 期合集上真正问世。《诗集》交给布施贝克的时间是 1913 年 7－8 月，合订本（49 首诗，72 个印张）出售价 1 马克 60 芬尼。出版社答应“继这本小书之后秋天再出版您的全集”。遗憾的是延续时间更长。特拉克尔未能见到第一本大书（书名《梦中的塞巴斯蒂安》）；他虽然在 1914 年初读到长条校样，在上面作了部分修改，但这部作品 1915 年作者死后才问世，版权标记为 1914 年。人们已经知道，尽管开始不顺利，这本带有绿色装饰条的漂亮的黑色选集同样令诗人欢喜。

对于特拉克尔，从现在开始的这段时期如同早期默片中那些混乱的快动作镜头。他想在某处立足的尝试变得狂躁不安。1913

年2月，他向布施贝克和施瓦布打听，是否可以在维也纳综合医院的药房找到工作；一年之后（1914年3月），他托人询问，有没有可能在刚刚建国的阿尔巴尼亚——一个袖珍诸侯国——担任军队药剂师；同年6月8日，他写信询问尼德兰王国殖民局，他能否作为奥地利药剂师在荷属印度就职。他不停地奔波在因斯布鲁克与萨尔茨堡之间。父亲的商行已经停业。

1913年6月中旬，他在萨尔茨堡等候格蕾特的到来，他知道，她的婚姻生活很不幸——但她终于没来。7月，他在霍亨堡城堡做客，又向布施贝克打听她的情况，布施贝克曾在萨尔茨堡度假。“有些想法消散在忧伤的漫步途中，”早在3月他写信给菲克尔，“我真正感到诸多艰难。”他如今焦头烂额，干什么都阴差阳错。例如，在阿道夫·洛斯——他后来称他为“了不起的洛斯—卢客斐耳”——的旅途中，他与洛斯在火车站错过。祸不单行——还有对家庭和朋友的难堪的依赖！他的信中老是流露出地狱般的绝望和没完没了的自我责备：“爱，太少，太少正义和怜悯，爱总是太少；冷酷和高傲太多，太多罪过——这便是我。我确信，只是出于软弱和怯懦我才忽视恶，好让我的恶继续玷污。我渴望这一天到来，那时灵魂再也不愿也不能住在这个患忧郁黑死病的可怜的躯体里，那时灵魂逃离由粪便和腐物堆出的这个讽刺形象——一个渎神的遭诅咒的世纪的过分忠实的镜像。上帝呀，只消一星纯粹欢乐的火花——人或已得救；爱——人或已被救赎……”这就是他6月26日致菲克尔的信文，菲克尔越来越成为他灵魂的依托，成为他的忏悔神父。菲克尔试图以谨慎而强有力的方式来对这个不幸的人施加影响：“您再也不能抱怨自己！您好好听着……要是您觉得更公正地评判自己在这里比别处更好，那么您任何时候都尽管来吧，只要您愿意！”

特拉克尔不知道他是否应该重返军营。他再次把拯救的希望寄托于生活环境的改变，或者，如无拯救可言，至少有所缓和。他请菲克尔向一位《勃伦纳》同人，即特拉克尔在维也纳结识的罗伯特·米歇尔上尉求情，希望在目前的情况下调往维也纳或因斯布鲁克。7月8日，他从萨尔茨堡寄给菲克尔“《时辰之歌》的修改稿——完全陷入黑暗与绝望之中”。陷入黑暗与绝望之中如同他的生命。“我已经把前往维也纳的时间推迟到明天，因为我近两天患严重的眩晕症。”四天之后：“我急于告诉您，我必须周末动身去维也纳。听天由命，进入此黑暗的旅程或已开始……”

1913年7月15日至8月12日，他在国防部任职员（弗里茨·特拉克尔曾经说过：“他从来不愿意当职员”）。“我在维也纳从事一项没有报酬的工作，”他在信中向菲克尔诉苦，“这个工作实在令人恶心，我重新吃力地补学加法，他们没有为此向我索取保证金，这倒让我惊讶不已。”他寻求与克劳斯和洛斯交往，他们如同指路明灯示范他过一种没有精神妥协的生活。为了配合刊物关于卡尔·克劳斯的问卷调查，菲克尔在 6 月 15 日的《勃伦纳》上发表了他的短诗《卡尔·克劳斯》：

真理的白色大祭司，
晶莹的歌声里栖息着上帝冰凉的呼吸，
愤怒的巫师，
武士蓝色的铠甲在燃烧的大氅下铿锵震鸣。

献给阿道夫·洛斯的诗篇《梦中的塞巴斯蒂安》将于 10 月发表，特拉克尔最美妙的灵魂自白之一，它追忆故居和童年：

灵魂的安宁。寂寞的冬日黄昏，
古老的湖畔牧人昏暗的身影；
草棚里的孩子；哦，那张脸
在黑色的迷狂中悄悄沉失。
神圣的夜。
……
欢乐；那一刻小夜曲在清凉的房间响起，
棕色的柱顶盘上

银色的蛹化为一只蓝蝴蝶。

……

黑夜的墓拱里蔷薇色的复活节钟声

和星星的银色声音，

昏暗的癫狂终于震颤坠离长眠者的前额。

几周之前，洛斯试图为特拉克尔在维也纳贸易博物馆谋一个职位（“工作时间 6 个小时，月薪 80 克朗”），可能因此安排了在萨尔茨堡火车站的匆匆约会。洛斯以文化人的敏锐直觉感受到特拉克尔孤独无援的生存处境。一年之后，1914 年 6 月 27 日（特拉克尔刚刚寄给他《梦中的塞巴斯蒂安》一书的长条校样，洛斯的反应是一声惊叹：“这又是一本了不起的书！”），他致信特拉克尔：“好好地生活吧，亲爱的特拉克尔！为这个世界保持您的健康。请把您自己视为圣灵的容器，它不容任何人摧毁——甚至包括格奥尔格·特拉克尔自己。”这番话值得永记——在萨拉热窝刺杀的前夜，特拉克尔死前四个月。

洛斯与他的英国妻子——受到彼得·阿尔滕贝格狂热倾慕的贝西·B，曾经是舞蹈演员——整个夏天都在威尼斯，常常与阿尔滕贝格在一起，洛斯写道，他这次（早在 5 月）把阿尔滕贝格“搬到了”水上之城。克劳斯准备随后驱车前往，菲克尔夫妇也允诺同时到达威尼斯。特拉克尔被敦促届时赴约。

8月中旬，布施贝克突然收到一张“乌尔巴尼—克勒”明信片，上面写着：“亲爱的！地球是圆的。我星期六坠入威尼斯。继续下坠——直到星辰。”（又是这种不幸的失落感！）这是给这位亲密朋友的最后讯息。

除了曾与菲克尔同游加尔达湖之外，这是特拉克尔一生中仅有的一次消遣旅游。在威尼斯，大家分散居住，一部分在市里，其余（阿尔滕贝格、克劳斯、洛斯夫妇）在城外利多住宿。菲克尔还记得那些无忧无虑、兴高采烈的日子；这些《火炬》和《勃伦纳》的同人气质各异——难以想象比特拉克尔与阿尔滕贝格之间更强烈的对照，然而，据说气氛良好。无论在马库斯广场有名的弗洛里昂咖啡馆，还是在达尼埃利饭店的美洲酒吧，大家享受着大海、阳光和无拘无束的交游，没有人想到这恐怕是最后一个宁静的夏天。菲克尔与克劳斯乘车返回，途中经过乌迪内和隆加洛内峡谷；锡西·封·菲克尔太太已经先行一步。特拉克尔的回程路线不详，其他人逗留下来。

假期整整延续了十二天。收获唯有一首浸透着衰亡感的诗：“黑压压的蝇群/阴蔽了石质的空间/失去故乡者的/头颅充满金色日子的/痛楚……”

在维也纳，一种可怕的崩溃似乎已经来临。紧随阳光日子的愉悦而来的——上面的例证表明，特拉克尔再也无法将其化入诗行——是一场至今神秘莫测的灾难。11 月 11 日，诗人写信给菲克尔："我的境况完全不清晰。我已经睡了两天两夜，佛罗那的毒劲至今还非常强烈。由于我的混乱情形和近来的异常绝望，我现在根本不知道该怎样活下去。我也许在这里遇见了愿意帮助我的人；但我觉得他们无法帮助，一切都将在黑暗中结束……克劳斯和洛斯多次向您问候。"一天之后，他请求朋友为《卡斯帕尔·豪泽之歌》加上"为贝西·洛斯而作"的献词，他还写道："我最近喝下了一海的葡萄酒、烧酒和啤酒。完全清醒。"

下面这封信（菲克尔标明"1913 年 11 月"）是记载那段危机时期心灵痛苦的最恐怖的文献，同时也是一份记载恐惧的文献——恐惧若隐若现的疯狂："……最近发生的事情令我如此害怕，以致我终生无法摆脱它们的阴影。是的，尊敬的朋友，我的生命在短短几天之内被彻底摧毁，只剩下一种难以言喻的痛苦，甚至感觉不到它的苦味……也许您能写给我只言片语；我已经惘然无措。一个人觉得世界破裂成两半，这是一种极度的不幸。哦，我的上帝，我遭到什么样的惩罚。告诉我，我必须鼓足力量，继续生活，干点正事。告诉我，我没有疯。石头般的黑暗降临了。哦，我的朋友，我变得多么渺小和不幸……"信中的笔迹急促，吓人，像一张心电图闪烁的线条。

特拉克尔从未泄露引起绝望爆发的原因。菲克尔曾经指出，它也许与格蕾特失败的婚姻及其怀孕有关。事实上，妹妹在接踵而至的 3 月流产，反应可怕，格奥尔格慌忙赶往柏林。

他在军事机关（通过米歇尔上尉在国防部）全力争取重新服役。“我毫无保留地重返军队，就是说，只要还有人要我……星期六或星期日我来因斯布鲁克，以便从那里推动我重新服役的工作……”12 月初，他果真来到因斯布鲁克，同菲克尔和涅克一起准备朗诵自己作品的节目——一生中唯一的一次公开朗诵。1913 年 12 月 10 日，朗诵作为《勃伦纳》第四次文学晚会在因斯布鲁克音乐协会大厅举行，参加朗诵的除特拉克尔之外，还有（上尉）罗伯特·米歇尔。米歇尔以一部长篇小说和一些现实主义的短篇小说成名，作品取材于波希米亚以及在波斯尼亚和黑塞哥维那之间的边境地带的生活经历。听众和报刊兴趣盎然。特拉克尔的朗诵朴实、深情，如祈祷一般，不时引起反响，《埃利昂》得到中肯的评价，而且有人尝试破译它。

然而，朗诵晚会的强烈鼓励和随后持续了一段时间的整理工作（为诗集的最终排印），不过是痛苦螺纹线的表面中断。涅克在 12 月 10 日写道，他邀请特拉克尔到咖啡馆确定作品的时间顺序，诗人“借助回忆”予以协助。当朋友们不在的时候，狂饮烂醉和吸毒仍然有增无已。“这些日子疯狂的醉酒和惨烈的感伤……”这是12月13日致克劳斯的书信的开头。总之，在这个冬天里，异常的迹象开始露头了。

达拉戈、菲克尔和海因里希培养了《勃伦纳》圈子的宗教气氛，它使特拉克尔重新沉溺于他多次忘却或驱逐但是从未抛弃的基督教。“哦，在幽暗的灵魂中，十字架悄悄耸立起来”，这是《梦中的塞巴斯蒂安》的诗句。从特拉克尔的某些表达可以看出，他把基督教视为精神反叛和彻底放弃，视为神圣的麻风和烙印，可以说，视为对西方人最后的考验。绝不容许把特拉克尔的基督教与那种自以为占有感恩和一切恩赐手段的宗教信念相互混淆。威廉·格拉斯霍夫认为：“他所寻找的上帝藏而不露，以空旷天堂的沉默来回应他的求救呼声。”类似于卡夫卡的荒谬的神学，特拉克尔也把他的此在归置到一个已经遗弃了地球的上帝身上：“有人遗弃了这个黑色的天空。”（《途中》）因此，特拉克尔的世界里没有恩赐。（卡夫卡曾有类似记载：虽然也许有恩赐，但不属于我们。）上帝沉默于特拉克尔的世界之中。他的使者即天使同样沉默。弗里德里希·格奥尔格·云格尔写道：“特拉克尔诗中的天使不是基督教的天使。”云格尔在其特拉克尔随笔中还说：“如果真是这样，即上帝沉默，那么基督教的一切已属过去。它们一同受到现象界所经受的消逝的冲击。”

以神学的眼光看来，一个上帝抽身而去的世界只留下孤立无援的人。这是一个冰寒、凝冻的思维世界，特拉克尔发现它的各个方面映在蒂罗尔的崇山峻岭的哥特式冰峰上。沉静的迷醉、痴狂的言语、晚期和末期创作的语言高度——在此期间，诗歌、散文和剧本似乎汇合流入洪荒时代，欲与阿尔卑斯山冰封雪盖的巨人世界一比高低——这一切都是一个人的表达，他知道自己已被遗弃，完全孤独，因此必须独自承受尘世存在的重负。（任何慰藉都无济于事。）他觉得自己在洞穿虚无（或可视为卡洛斯的变形），他每天都确切体验到绝无救恩可言，于是，当神经撕裂时，他总是爆发出愤怒和绝望；与这种状况相应的是可怕的攻击和自我攻击行为，他的腐烂癖同属于这类行为，格拉斯霍夫似欲从腐烂癖中看出“古代基督教的欠罪及罪孽意识的密码”。

在生命的最后和最悲苦的一年，诗人只向很少而且越来越少的人袒露胸怀。可是，他与动物亲近了：“不动者的呼吸。一张兽脸/因蓝天，因蓝天的圣洁而凝固。”他的感官尤其敏锐，似乎布满触角，以至于当他看见活剥供人享用的动物的毛皮时，他仿佛自己也深受其害。马尔霍尔德曾经叙述：“在一次村民的教堂祭典上，人们欢快地载歌载舞，一只牛头作为祭品摆在那里，他全身颤抖，说：‘这是我们的主基督。’”这里所表现的基督教出自弗朗西斯教派，甚至出自原始的根基和古墓教派：异样、怪诞、吊诡。

值得一提的是，甚至特拉克尔的书法也隶属于这个痛苦而尊严的思想世界：越来越突兀，越来越哥特化；名字中的拉丁字母“T”在1912年初以前轻快飘逸，现在突然变为突兀的草书字母，如一根鞭子或一座绞刑架高高耸立：惩罚和审判的书写标志。

1914年，特拉克尔、达拉戈和菲克尔之间曾经有过一次谈话，被前面提到的瑞士作家汉斯·利姆巴赫记录下来，人们能够由此窥入和步入特拉克尔当时的思想世界。诗人在由他主动挑起的谈话中承认：“我无权逃避地狱”——一种不可救药的自我惩罚想象的简短表达。达拉戈问他：“那么，您也相信一切拯救来自他［指基督］吗？您理解‘上帝之子’的本来含义吗？”他回答：“我便是基督。”达拉戈继续追问：“您怎样向自己解释非基督教的人物，如佛主或中国圣贤？”特拉克尔说：“他们的光同样来自基督。”利姆巴赫注明，在这个（与沙托夫不谋而合的）回答之后，听者沉默下来，以便深思这一高深莫测的怪论。但是达拉戈仍然不满足：“还有希腊人呢？难道您不认为在那之后人类的沉沦日益深重了？”特拉克尔：“人类的沉沦从未像现在基督出现之后这样深——它过去完全能够避免沉沦得这样深！”辩论随后转向陀思妥耶夫斯基和他笔下的人物。利姆巴赫继续写道：“我还能回忆起，他就索尼娅的话题道出了美妙的言辞——目光重新闪闪发亮：‘应当把那些狗东西宰掉，他们声称，女人只寻求性欲快感！女人寻求她们的正义，完全同我们大家一样！’他还以极其敬畏的口吻谈到托尔斯泰：‘昏倒在十字架下的潘神’，他这样称他。”

特拉克尔这里对托尔斯泰的评价不也适合于他自己么？

屠宰场

《梦魇与癫狂》于1月脱稿，一幅具有抑郁美的散文体幻景，其内容与形式酷似精神分裂症的幻觉，令人生畏；它不啻是对被诅咒的种族的一种彻底清算，一开始就把我们引向故居：

“黄昏，父亲成了白发苍苍的老人；在幽暗的房间里，母亲的脸已化为石头，男童驮负着对蜕化的种族的诅咒。他有时回忆起他的童年——充满病痛、恐惧和阴郁，回忆起星星园里讳莫如深的游戏，或者在黄昏的庭院饲养家鼠的场景。妹妹瘦削的身影从蓝色的镜中走来，他死一般地坠入黑暗。夜里，他的嘴绽开如一枚殷红的果实，星光笼罩着他无声的悲哀。他的梦填满了祖先的旧房。他喜欢傍晚穿过衰败的墓园，或者窥探朦胧的墓穴里的死尸，他们优雅的手上点缀着绿色的腐斑。在寺院的小门旁，他央求给他一块面包；一匹黑马的影子从黑暗中窜出，他大吃一惊。每当他躺在冰凉的床上，大滴大滴的眼泪夺眶而出。可是没有人把手搁到他的额上。秋天到了，他——一个慧眼者——走进棕色的河谷草地。哦，欣喜若狂的时辰，绿水河岸的夜晚，围猎的日子。哦，灵魂悄悄地哼着泛黄的芦苇的歌谣；火样的虔诚。他长时间默默打量蟾蜍那对星星般的眼珠，用颤抖的双手触摸清凉的古岩，让蓝泉那个令人敬仰的传说在耳畔回荡。哦，银色的鱼儿，还有从盘虬的树上坠落的果实。他美妙的脚步声使他心里充满骄傲和对人的鄙视……

“哦，被诅咒的种族。在被玷污的房间里，当所有的命运均告完成，死神就迈着霉蚀的脚步登堂入室。哦，但愿窗外已是春天，一只可爱的小鸟在花树上鸣唱。可是，夜族的窗前那些可怜的绿叶已经枯萎，一片灰蒙，滴血的心仍在寻思恶……”

直到最终，惩罚的判决落到他和他的亲人头上：

“哦，腐烂者，那一刻他们用银色的舌头令地狱沉默。于是灯盏熄灭在清凉的房间，受苦的人们透过紫色的面罩默默相望。哗哗的大雨彻夜未停，田野顿时凉爽。荆棘的荒原上昏暗者追随庄稼地泛黄的小径，云雀的歌声和绿枝柔和的寂静，似乎找到安宁。哦，村庄和苔藓的石阶，燃烧的景象。可是此刻脚步象牙般晃过树林边沉睡的蛇，耳朵始终追随着山鹰的嘶鸣。他曾经在傍晚发现岩石的荒凉和为一个死者送葬，送入父亲昏暗的家。紫色的云阴蔽了他的头颅，以致他默默袭向他自己的血肉和肖像，一个朦胧的面孔；像石头一样沉入虚空，那一刻一个垂死的少年，妹妹出现在破碎的镜中；黑夜吞没了被诅咒的种族。”

1914年2月，菲克尔把这个引起深深惊骇的梦幻作品发表在《勃伦纳》8/9期上。1月1日还发表了《致沉寂者》，其结尾部分属于诗人近作中最伟大的篇章：

> 哦，大都市的癫狂，傍晚的时候
> 畸形的树守望在黑色的墙垣，
> 恶魔从银色的面罩向外窥探；
> 冷漠的夜以磁鞭驱逐光明。
> 哦，沉坠的晚钟。
>
> 冰凉的战栗，妓女分娩死婴。
> 上帝的愤怒狂鞭痴迷者的前额，
> 紫色的瘟疫，撕裂绿眼的饥饿。
> 哦，黄金恐怖的笑声。
>
> 但更沉寂的人类在昏暗的洞穴默默流血，
> 坚硬的金属镶嵌成拯救的头颅。

随后几周和几个月，不愉快的事情纷纷涌来。例如，3 月 15 日至 25 日在柏林发生了什么事，人们永远不会知道，除非找到能够填补这个真空的信件。格蕾特的慢性悲剧在那里急性发作；诸事汇集，终于酿成灾难。特拉克尔前往柏林。

他的两封信仅仅粗略地提到，兰根太太在一次流产之后卧床不起。3 月 19 日，他写信给 K. B. 海因里希："我妹妹几天前流产了，随后反常地出现了大流血。她的状况令人担忧，更为严重的是，她五天以来未曾进食，所以暂时无法考虑让她来因斯布鲁克。"两天之后致菲克尔："我可怜的妹妹仍旧非常痛苦。她的生命带有令人心碎的悲哀，同时又表现出异乎寻常的勇敢，在她面前，我有时会感到自己十分渺小；她有比我多千倍的资格，在善良和高贵的圈子中生活，如像我在困难时期有幸充分享受到的。我恐怕还要在柏林待些日子，我妹妹成天一个人，我在这里对她还是有些好处。"

在《风暴》的出版者赫尔瓦特·瓦尔登的圈子里（格蕾特和她丈夫在此活动），特拉克尔认识了瓦尔登以前的夫人埃尔泽·拉斯克尔—许勒。如果可以相信这位伟大的女抒情诗人的诗行——她总共为特拉克尔写过三首诗，那么他们两人为宗教发生过争吵："但总是像两个游戏伙伴。"特拉克尔献给她那首受到荷尔德林强烈影响的诗《西方》，首段如下：月亮，恍若一只死兽/

踱出蓝色的洞穴/落花纷纷/飘零在山路上/病兽银色地痛哭/在傍晚的湖畔/黑色的小船上/恋人早已死去。

此外人们仅仅知道，特拉克尔到达因斯布鲁克时情绪低沉。从火车站一出来，他就去画家马克斯·封·埃斯特勒的画室，他也属于《勃伦纳》的工作班子。艺术家为刊物描出了诗人的漫画，并且还为他设计了一张藏书签。上面画的是坐在桌边的一个男人，他用手撑着深深埋下的头，仿佛不堪重负。这幅画让人想起特拉克尔的一句诗："战栗于秋日的星辰之下/头年复一年埋得更低。"

根据菲克尔的叙述，特拉克尔在埃斯特勒的画室里抓起一支画笔，描下了他一天夜里从睡梦中惊醒后在镜中见到自己的形象。眼睛、嘴巴和鼻子是阴森恐怖的窟窿，形容枯槁，以暗绿色为主调，面颊上有猩红色的斑点。嘴唇大张，似在无声地呐喊。额上涂着棕红色的线条。头发和袈裟般的衣袍都呈浅褐色，后面是一片黄绿色的背景。据说画面本来是狭长的条状，棕色的忏悔服可以看得更清楚。按照菲克尔确定的日期，肖像完成于 1914 年 3 月底，流露出看望妹妹之后的委顿神态。汉斯·利姆巴赫在上述报道中准确地描绘过这幅画，他怎么可能看见它呢？1914 年 1 月，为了听卡尔·克劳斯朗读，利姆巴赫与达拉戈一道从南蒂罗尔到因斯布鲁克做过短暂拜访。

就在同一时期，一位富有的中学同学——他写作很勤奋——

以客气的嘲讽拒绝了诗人希望他给予经济援助的请求，这加剧了特拉克尔可怕的抑郁。特拉克尔之所以跨出这屈辱的一步，完全是为了缓解孤零零地生活在柏林的妹妹的困境。求援遭到拒绝深深地伤了特拉克尔的心，尽管朋友们敦促他申请席勒捐助金，他却放弃了一切进一步的努力，认为这毫无意义。在 4 月和 5 月那些沉重的日子里，只有与特奥多尔·道布勒——他正在周游意大利的途中，暂时逗留在因斯布鲁克——一起散步和交谈，以及与菲克尔前往加尔达湖近旁的托尔波勒郊游带来了唯一的快乐。他在风景如画的加尔达湖滨度过了一个宁静的夜晚，作为回忆，他写下了那首献给这位良师益友的十九行诗《笼中乌鸫之歌》，结尾是一幅给人以慰藉和拯救的画面："光灿灿的双臂的悲悯/拥抱着一颗破碎的心。"

5 月诞生了那部没有标题的剧本，紧接着是散文《启示与没落》，死后发表在《勃伦纳》1915 年的年鉴上。特拉克尔这首最后的散文诗与剧本断片不仅情调相近，诸多对应的文字还证实两部作品具有内在联系，例如：

剧本断片

……刺吧，黑色的刺。啊，银色的手臂发出暴雨的呼啸。迷蒙的大道使手臂变得多么的苍白。哦，庭院里家鼠的嘶叫，水仙的芬芳。蔷薇色的春天在我悲痛的眉间做窠……野兽曾破门而入，张着喘息的大口。死亡！死亡！……

……在树林里，我曾经折断我的黑马的颈子，这时，从它紫色的眼睛中爆发

晚期散文

……妹妹苍白的形象曾步出腐烂的蓝光，她流血的嘴如是说：黑刺之刺伤。啊，我仍然感到银色的手臂发出暴雨的呼啸。仿佛鲜血自月色的双脚涌出，绽放在迷蒙的小径上，家鼠嘶叫着从上面掠过。星辰，你们在我拱形的眉间重新放光；心在夜里轻轻地鸣响。一个红色的影子曾经携燃烧的剑破门而入，它逃窜，前额雪白。哦，苦涩的死亡……

……我心中曾经发出一个阴森的声音：在迷蒙的树出疯狂。榆树的影子和流水的蓝色笑声散落在我身上。黑夜与月亮！我现在何处。当我闯入甜蜜的睡梦，一对银色的猎人环绕我飞舞！陌生的近旁环绕我入夜……

林里，我折断了我的黑马的颈子，这时，从它紫色的眼睛中蹦出疯狂；当我——一个狂暴的猎人——惊起一只雪白

的野兽，榆树的影子、流泉的蓝色笑声和夜的黑色清凉纷纷散落在我身上；我的面孔在石头的洞穴里慢慢死去……

就在欧洲的灾难降临之前，特拉克尔的处境，至少他的经济状况似乎突然有了转机。7 月中旬，路德维希·封·菲克尔从一位赞助者那里得到十万克朗，用以资助有资格享受而贫困的奥地利艺术家；菲克尔首先分给里尔克和特拉克尔各两万克朗。这笔数目可观的钱本来可以使特拉克尔的生存稳定几年。

菲克尔当时并不认识这位慷慨的赞助者。他名叫路德维希·维特根斯坦，曾经师从剑桥的伯特兰·拉塞尔和耶拿的戈特罗布学习哲学和逻辑学，在世界观上与实证主义的“维也纳学派”接近。作为非常富有的父亲的几个儿子之一，他在父亲死后得到一笔可观的财产，他写信告诉菲克尔，拿出一定数目给公益事业已是惯例。这位当时已经有名的《逻辑—哲学论文》（1921 和 1922）的作者对推荐出来的诗人毫无异议。他读过里尔克的作品，但还不曾阅读特拉克尔的作品。阅读之后，他坦率地承认：“我不懂这些作品；但是它们的音调令我愉快。这是真正天才人物的音调。”

很不凑巧，由于一连串偶然事件，自愿服役的维特根斯坦与其受惠者在克拉科夫后方擦肩而过。年轻的哲学家被派到克拉科夫司令部，当特拉克尔10月底在克拉科夫第15野战医院精神病分部被隔离时，维特根斯坦正在一艘樱桃船甲板上执行侦察任务。菲克尔已将有关情况转告特拉克尔，后者写信请维特根斯坦去医院看他。这张战地明信片是诗人活着时给其施主的唯一讯息。特拉克尔死后三天，维特根斯坦返回克拉科夫营地——这时诗人已经被埋葬。

特拉克尔未能享受到赠款。当他在菲克尔陪同下去因斯布鲁克一家银行提取部分款项时，他突然感到非常恐惧，全身冒着冷汗跑开了。后来，他以另一种方式享用这笔钱。10月27日（死前六天），他写信告诉菲克尔："最后我还想补充一点，如果我去世了，我希望让我亲爱的妹妹格蕾特获得我现有的一切钱款和其他物品……"

7月28日，奥匈帝国向塞尔维亚宣战。在行刺王储夫妇之后达到白热化的紧张局势顷刻之间为轻率的必胜信念所取代。8月1日，德国向俄国宣战，24小时之后，法国也被迫接受德国的宣战。8月4日，英国与德国断交，8月6日，奥匈帝国也向俄国下了战书。战火在一周之内燃遍了整个欧洲。

最初，特拉克尔心里似乎对战争持欢迎态度——不是出于勇气或狂妄，而是因为他希望由此结束他的困境，或者总之有一个终结。人们同时不应该忘记，他出生于一个忠实于皇帝的爱国市民家庭，而极度的战争狂热富有感染力。他几乎不懂政治及政治与经济和社会结构的错综复杂的关系；这一点可以从他的一些幼稚而抽象的陈述中获得证实。因此可以理解，他与他的兄弟古斯塔夫和弗里茨都以赞同的心情服从了动员令。

8 月 24 日，特拉克尔以原来的药品助理职衔随一个救护车队从因斯布鲁克开赴战场。菲克尔记得那是一个宁静的夜晚，月光明亮，“特拉克尔在因斯布鲁克火车总站登上一节运送牲畜的车厢，军帽上插了一支红色的石竹，每当他点头告别时，石竹也幽灵般地随之摇曳，车厢载着他——活生生的他，此时此刻兴高彩烈的他——永远离开了我们”。离别之前，特拉克尔默默地递给菲克尔一张纸条，“就像是给个人定向”：“死一般的存在瞬间之感觉：每一个人都值得爱。你醒来感觉到世界的苦难；你所有的罪尽在其中；你的诗是一次不完全的赎罪。”当菲克尔以询问的目光看着他时，他补充道：“诚然——对欠罪而言，没有任何诗能够赎罪。”

至于特拉克尔在 10 月底有何遭遇，只能从当时的军邮明信片上的文字获知，通常不过寥寥数语。8 月 26 日，他还从维也纳寄过一封信给菲克尔；下一封信已经盖上战区邮政编码 65。诗人两次都询问他的诗集《梦中的塞巴斯蒂安》，误认为它已经出版。

接着是另一张（未署日期的）明信片，邮戳是奥匈帝国 7/14 野战医院："今天开往加利西亚，我们在原来预定的营地停留了不到一个小时。沿途美极了。我们大概还得在火车上待三天。"

加利西亚！在这里——王室世袭领地的东部，帝国军事长官战事一开始就连吃两个毁灭性的败仗。8 月 26—30 日，第二军和受一个极其无能的骑兵将军指挥的第三军在勒姆贝格一带遭到俄国"蒸汽压路机"的围歼，被迫退至格罗德克一线。9 月 1 日，勒姆贝格失陷。尽管俄军在这个战场上毫无疑问地占有数量及战术优势，总参谋长康拉德·封·赫岑多夫男爵还是命令展开以收复该城为目的的进攻战役。这次为重振军威而发动的攻势伤亡惨重，以新的更严重的溃败告终；盲目发起的进攻变为全线败退，只是因为俄国人推进太慢，才避免了全线崩溃。11 月 11 日——特拉克尔所在的野战医院大概随军行动——康拉德把战线退缩到卡尔帕滕和维斯洛卡之后。东加利西亚遂落入敌手。战争的景况早已在特拉克尔的《人类》一诗中梦幻出来：

人类被置于烈火深渊之前，
一阵急鼓，阴沉的兵士的前额，
脚步穿过血雾；黑铁铿锵，
绝望，悲凉的大脑里的黑夜……

如今，幻景变为可怕的现实，映入一面有荷尔德林遗风的破镜之中：

在东方

民众阴沉的愤怒，
树叶扫光的星星
和鏖战的紫浪
像冬天风暴的咆哮。

夜以残眉和银色的手臂
召唤着垂死的士兵。
死难者的幽灵呻吟在
秋天梣树的阴影里。

荆棘的荒地缠绕着都市。
月亮驱赶惊悸的女人
逃离流血的台阶。
野狼已破门而入。

由于军事检查，特拉克尔来自战场的消息少而平淡。他写给母亲——恐怕是对她最后的问候：“一周以来，我们在加利西亚转来转去，至今无事可做。”致菲克尔：“整整四周，我们急行军穿过整个加利西亚。两天以来，我们在西加利西亚的一座小城里奔忙不休，该城位于一片柔和而明朗的丘陵之中，让我们在眼前这一切重大事件之后就获得安宁吧。明天或后天我们继续行军。”下面两句话并不仅限于诗人的亲身经历：“好像正在准备一场新的大战，但愿这一次上天赐福于我们。”10 月中旬，阿道夫·洛斯也收到一张军邮明信片，言少而意深：“长达一个月的穿梭行军，我们穿越了整个加利西亚，我现在向您致以最衷心的问候。我病了几天，病势不轻，我觉得是因为极度哀伤。今天我很高兴，因为我们几乎肯定要朝北开拔，也许几天之后就要进入俄国。衷心地问候克劳斯先生……”

10 月中旬，一位蒂罗尔军医与诗人有过短暂接触，在利马诺瓦后方。“源源不断的车队、野战医院，”这位弗里德里希·普法尔大夫后来描述他的印象，“一家犹太人开的客店。我在那里认识了特拉克尔。他显得有些浮肿，神不守舍，嗓音嘶哑。他没有住在野战医院，自己租了一间私房。”交谈涉及文学，特拉克尔向同伴介绍了魏尔伦和兰波。“他……情绪甚佳。我另外记不起什么细节，只是一种大致的温暖的总体情绪。”

接近10月底，菲克尔突然收到来自克拉考的不祥的消息。明信片上有地点标记："第15野战医院5分部——尊敬的朋友！五天以来，我在这里的野战医院接受对我的精神状态的观察。我的健康大概受到一些损害，我时常陷入无尽的悲哀。希望这种委靡的日子很快过去。向您的夫人和孩子致以最美好的问候。请您给我拍发几句电文。倘若听到您的消息，我会多么高兴……"

"接到明信片后，"菲克尔后来讲道，"我赶往克拉考，这封信说明战场上的特拉克尔没有收到任何朋友的问候。"

菲克尔在回忆录中十分详尽地描述了那次为期两天的拜访（1914年10月25—26日）。在与这位病人（或被当作病人对待）的谈话中获悉，在前线受到的刺激使他试图自杀，因被同伴发现而未遂，十四天后（还是在利马诺瓦），他接到命令被派往克拉考野战医院，并非像他开始猜测的那样去做药剂师，而是去接受对他的精神状态的观察。

特拉克尔的救护车队在格罗德克战役中首次参战。在靠近吕内克大市场的一间仓库里，他必须照料一百名重伤员，没有军医在场。两天两夜，他听到的只有受痛苦折磨的呻吟和哀叹。时不时有人哀求他帮自己结束痛苦。有一个伤员被子弹击中膀胱，他当着特拉克尔的面朝自己开了一枪——血淋淋的脑浆糊满一墙。他当时只觉得眼前一黑，赶紧跑到野外；可是那里耸立着光秃秃的幽灵般的树木，每棵树上都晃荡着一个被吊死的人——被当作奸细或亲俄派处死的鲁提尼人；有人告诉特拉克尔，最后一个人是自己把绞索套在脖子上的。

撤退途中在一个村庄吃晚饭时，这个被恐怖的幻景搅得心惊肉跳的可怜人突然跳起来，一边朝外冲一边呼叫，他无法再这样活下去；同伴解除了他的武装。“我害怕，”他对菲克尔说，“因为那件事被送上军事法庭处死。胆怯，这您知道，在敌人面前丧失勇气。我得为此作好准备。”他执着于这一臆念——气氛确实太逼人，太可怕。他的房间在精神病分部底层，犹如一间狱室。他觉得自己不是病人，而是犯人。疯子的喊叫声从楼上传来。与他同室的是一个温迪施格雷茨的龙骑兵少尉，患有震颤性谵妄，他使得一切更加难以忍受。唯一与他亲近的人是他的伙伴马赛厄斯·罗特，以前是哈尔城的矿工。罗特每天夜里睡在床脚一端的地上。

事实表明，特拉克尔的神经官能症的恐惧并非全无根据。菲克尔请求医院长官——捷克少校军医居古拉·托曼——把病人交给他，少校态度生硬。助理军医是一个波兰人，他负责观察特拉克尔，他说他对这个“天才与疯狂”病例尤其感兴趣，他在信检时读过诗人的诗，觉得阴森恐怖。

第二天，特拉克尔变得麻木，沉入自己内心。“您愿意听我在战场写的东西吗——没有什么血腥味。”那个温迪施格雷茨龙骑兵在床上愠怒而无聊地面向墙壁，诗人躺在床上，开始为朋友朗读那两首摄人心魄的诗：《控诉》和《格罗德克》。然后，他抓起一本雷克拉姆版袖珍书[①]——约翰·克里斯蒂安·京特，“怪诞的”京特的诗集，以动人的声调轻轻朗诵了几段这位天才的巴洛克诗人充满悲观情绪的诗句，京特与他有着相同的生活悲剧，也是早亡。其中一首的结尾是：“美好的死亡常常是最好的履历。”

菲克尔忐忑不安地告别离去，他已经探出特拉克尔身边藏有致命的毒品。菲克尔安慰特拉克尔，说他立即从维也纳办理特拉克尔调往因斯布鲁克的有关事项。当他以一声“很快再见”与朋友分别时，诗人静静地躺着，无言对答，“只是看着我。目送我出去……他的目光我永远不会忘记”。

特拉克尔还有两封信（署有日期，10 月 27 日）和一张军邮明信片寄到因斯布鲁克。第一封信附有十四行诗《恶之梦》作过改动的首段和《人类的痛苦》的修改稿，一共四段（原为六段，作于 1911 年）；特拉克尔把标题改为《人类的悲哀》。第二稿（也是定稿）内容更为真实，引人注目，诗中展现了从加利西亚屠宰场的疯狂气氛中获得的强有力的形象：“人们仿佛听见蝙蝠

① 雷克拉姆是德国一家有名的出版社。

的叫声/在花园组装一副棺材，”这首诗 1939 年才收入《诗集》第四版。

第二封信中有这样的句子：“您来医院看我之后，我的悲哀倍增。我觉得自己几乎已在世界的彼岸。”信里夹有两首诗——特拉克尔最后的手迹，以一种此刻即最终的恳切的措辞：

控　诉

睡与死，阴郁的鹰
彻夜绕此头颅喧嚣：
永恒的冰浪
吞噬着人的金像。
紫色的躯体
在可怕的暗礁上粉碎，
有阴森的声音
在大海上控诉。
无限哀伤的妹妹
看呀，一艘惊惧的小船沉没
在星空下，
在黑夜沉默的面颊下。

格罗德克

秋天的树林在黄昏发出
嗜血的武器的轰响，
金色的平原，蔚蓝的湖泊，
阴沉沉的太阳从上面滚过；
夜色吞没了垂死的士兵，
撕裂的嘴的愤怒控诉。
可是草地上悄悄汇聚着一片
红云——一位发怒的神灵的居处，
和抛洒的鲜血，月光的冷凛；
所有的街道注入黑色的腐烂。
在夜和星辰的金枝之下
妹妹的影子晃过沉默的树林，
去迎接勇士的幽魂，血淋淋的头颅；
秋天阴郁的芦笛轻轻呜咽。
哦，愈加高傲的悲怆！你们钢铁的祭坛，
巨大的创痛如今滋养着精神的烈焰，
那尚未出世的孙辈。

奇怪的是，《控诉》全诗和《格罗德克》前六行是用少年时代的拉丁文体（用铅笔）书写的。也许是避免以不好辨认的手写体招致军事检查官的反感，他们大多不以德语为母语。

军邮明信片写于菲克尔探望之前，照样未署日期；菲克尔记得，诗人给他看过明信片："……我估计您没有收到我的军邮明信片，因为我至今没有获得任何消息。我将在这里的野战医院逗留十四天后离开克拉考。我还不知道去向。我将尽快告知您我的新地址……"什么原因促使特拉克尔寄出明信片——菲克尔紧张地翻看明信片背面。上面是生疏的笔迹，署名不清楚："特拉克尔在克拉考野战医院突然死去（因麻痹?）。我是他的室友。"明信片盖的邮戳是："布拉格，1914. 11. 9。"

特拉克尔的哥哥写信给克拉考野战医院，询问有关特拉克尔死亡的进一步情况，得到的回复如下："……向您通知，您弟弟药品助理格奥尔格·特拉克尔因精神错乱在本院接受治疗，于 11 月 2 日夜间服食可卡因自杀（他可能从以前服役的部队药房携带了药品，并且存放起来，尽管经过仔细检查，还是未能在他身上找到），尽管采取了一切可能的医疗措施，终于无救。卒于 11 月 3 日晚上 9 时，安葬在本地拉克维茨公墓。克拉考，1914 年 11 月 15 日。大夫……（少校军医）。"

这个日期与医院的死亡记录完全一致。只是波兰文书把特拉克尔听成“弗兰克尔”，年龄一栏的27岁记成“37”岁。

在特拉克尔的葬礼上，只有他忠实的同伴、那位矿工马赛厄斯·罗特在场，罗特留下了一份充满爱与人性的文献，令人感动——仿佛特拉克尔生前友好相待的一切普通人都想在这里以一句衷心的感谢向他告别。那封信寄给了菲克尔，他称之为“一幅心灵正字法的美好图像”；信中有一处小小的时间错误。菲克尔写道：“特拉克尔最后让这位同伴离开肯定是在11月2日晚上（而不是3日）。因为正如罗特自己所讲的，特拉克尔昏迷了一整天（即11月3日全天）。医生和护士不让罗特走进房间，但是，他11月3日晚上还通过窥视孔看见诗人仰面睡着，四肢伸开，双目紧闭，心脏一直在剧烈地跳动，胸脯吃力地上下起伏。第二天早晨，特拉克尔才停止了呼吸；他的尸体停放在床上，上面盖着一张亚麻布床单。”

罗特在信中写道（经过删节）：“……我这位先生总是贴心地关怀我，我一生也不会忘记他……要是我早知道您尊贵的名字，我就会立刻给您打电报，而不会等到他已经永远不会醒来的时候……我会永远永远想念我尊贵的亲爱的善良的先生，他就命中注定如此悲惨地一命归西？3号晚上他还那么亲切友好，他还说您明天六点半给我送一杯黑咖啡，让我睡觉去。4号就出事了，我亲爱的先生已经不需要黑咖啡了。因为夜里亲爱的上帝把他召去了。您的同哀人，我亲爱的先生的同伴马赛厄斯·罗特。”

维特根斯坦也送来了确认的消息：“我所知道的有关特拉克尔临终的情况如下：在我到达的前三天他死于心脏麻痹，我不愿意就此消息再打听其他情况，唯一重要的已被告知。”

1925 年，特拉克尔的骸骨移往蒂罗尔，那是他一直到死都怀着感激思念的地方——“再一次衷心地问候，向蒂罗尔，向您以及所有可爱的朋友”，10 月 7 日，他永远地安睡在因斯布鲁克的米劳地方公墓。路德维希·封·菲克尔在墓前作了演讲。

在诗人的遗稿中找到了那首曾经提到过的、以《致诺瓦利斯》为标题的诗，正如艾哈德·布施贝克所说，命中注定，这首诗正是他自己的写照，它作为墓志铭镌刻在他最后的安息地真是恰如其分：

致诺瓦利斯（第二稿）

在幽暗的大地下安息着神圣的异乡人。

上帝不再让这张温柔的嘴发出哀怨，

当他从花枝沉坠。

一枝蓝花

他的歌永生在夜的痛苦的家园。

年　表

1887　2 月 3 日：格奥尔格·特拉克尔生于萨尔茨堡，父亲托比亚斯·特拉克尔（铁器商）和母亲玛丽亚共有六个孩子，他排行第四。

1892　8 月 8 日：特拉克尔心爱的妹妹格蕾特诞生。从 9 月起上奥匈帝国师范学院的天主教“预备学校”和福音新教的宗教课。

1896　与艾哈德·布施贝克结下终生的友谊。

1897　9 月：就读于萨尔茨堡大学广场旁边的国立人文中学。

1900　因拉丁文和数学不及格重上四年级。由作曲家奥古斯特·布鲁内蒂—皮萨诺授钢琴课。萌发对音乐浪漫主义的倾慕：肖邦、李斯特、俄国音乐家，后来还有瓦格纳。

1904　开始诗歌创作。在莱瑙、波德莱尔、魏尔伦、盖奥尔格、霍夫曼斯塔尔的影响下产生了诗作（其中有《圣人》和抒情小品）。与志同道合者在诗人团体“阿波罗”（后为“弥涅耳瓦”）亲切交往。开始崇拜尼采和陀思妥耶夫斯基。首次氯仿中毒。

1905 因拉丁文、希腊文和数学不及格于文科中学七年级辍学。9 月 18 日：在卡尔·欣特胡贝尔的“白天使”药房当学徒。与戏剧诗人古斯塔夫·施特赖歇尔结下友谊；在其影响之下尝试成为剧作家（楷模：易卜生、斯特林贝里、梅特林克）。

1906 3 月 31 日：独幕剧《万圣节》在萨尔茨堡市立剧院上演——小有成功。《萨尔茨堡人民报》约请他为该报撰稿。5 月 12 日：在报纸上首次发表作品——抒情随笔《梦境》。9 月 15 日：独幕剧《海市蜃楼》在市立剧院首次上演。剧本演出失败。

1907 因失败而失望，创作陷于停顿。逐渐迷上强烈的毒片（吗啡和佛罗那）。大约年底开始起草三幕悲剧《唐璜之死》（据称后来毁于 1912 年）。

1908 2 月 26 日：以优异成绩提前通过实习考试。新诗问世。9 月底移居维也纳，在大学开始为期四个学期的药剂学学习。特拉克尔接触到 K. L. 阿默尔的兰波译本，长时间受其强烈影响。

1909 主要在维也纳，偶尔回萨尔茨堡。3月20日，7月13日和16日以及格成绩通过预考。新的创作飞跃——“我度过了丰硕的时光”（6月11日致布施贝克的信）。9月，格蕾特·特拉克尔就读于维也纳音乐学院，师从保尔·德科内。筛选早年诗作，年底由布施贝克（秋天起在维也纳大学学习法律）联系出版。10月17日：在首都的一家报纸上首次发表作品——经赫尔曼·巴尔推荐，《新维也纳报》登载了三首早期诗歌：《擦肩而过的女人》《完成》和《虔诚》。紧接着于12月18日在上菲特大街拜访巴尔：布施贝克向慕尼黑阿尔贝特·兰根出版社提供早年诗稿。

1910 2月初：木偶剧《蓝胡子》脱稿。6月18日：父亲去世。最终获得了成熟的形式，最初几首有价值的诗问世，其中包括《朽坏》《美丽的城市》《雷雨之夜》。6月28日、7月9日和21日口试，特拉克尔获得药剂学硕士学位。7月中旬：诗人清楚地认识到他“刚刚获得的手法”，他试图以此手法驾驭“纷至沓来的旋律和图像”。格蕾特移居柏林。10月1日：作为一年的志愿兵在维也纳奥匈帝国第二救护队服现役。

1911 在维也纳救护队服役至9月30日。服满志愿兵役后，“一年志愿兵下士军衔药剂师格奥尔格·特拉克尔”被派往因斯布鲁克常备国防后备区服非现役。极度抑郁的反应和阶段开始了。10月15日至12月20日在萨尔茨堡天使药房任药剂师。与“潘神——萨尔茨堡文学艺术协会”的成员交往，与文化批评家和《火炬》工作人员卡尔·豪泽结交。酗酒。12月1日被任命为国防军药品助理（少尉军衔）。经济困境。

1912 3月：《呼唤，致青年的传单》（维也纳）发表了《欢快的春天》。加入维也纳“文学和音乐联盟”。4月1日起作为国防军药品助理在因斯布鲁克第10野战医院药房服为期六个月的预备役，以便在军队恢复现役。罗伯特·米勒把特拉克尔推荐给因斯布鲁克半月刊《勃伦纳》的出版者路德维希·封·菲克尔。5月1日：《焚风中的城郊》发表在《勃伦纳》上。随即开始了与菲克尔及《勃伦纳》同人的个人交往：卡尔·达拉戈、卡尔·博罗莫伊斯·海因里希、卡尔·涅克；而与后面两人的亲密友谊直到死亡。7月17日：格蕾特·特拉克尔在柏林与书商阿图尔·兰根结婚。秋天，朋友们试图通过公开征订出版第一部成熟作品集（书名：黄昏与衰亡）；《火炬》和《勃伦纳》为此登载征订广告。创作上取得巨大进展的主要时段，受到荷尔德林诗歌的强烈影响。《恶之梦》《在深渊》《人类》《三窥亚麻布》等作品问世。服役期间的广场恐怖症与人格解体症状。10 月 1 日：《诗篇》发表在《勃伦纳》上。半年预备役之后，由于上司的鉴定被转入国防军现役；10 月 30 日特拉克尔申请调至后备军——准予申请，执行日期为 11 月 30 日。又是一段时间巨大的心灵痛苦。布施贝克将诗集《黄昏与衰亡》交给阿尔贝特·兰根出版社。特拉克尔应于 12 月 1 日在维也纳劳务部就职；争取到四周的延期。在萨尔茨堡和维也纳续写《埃利昂》。在维也纳与卡尔·克劳斯、阿道夫·洛斯和奥斯卡·科柯施卡交往。12 月 31 日在劳务部报到。

1913 1 月 1 日：特拉克尔写了离职申请（头一天的工作只有两个小时）。返回因斯布鲁克并完成《埃利昂》，发表在 2 月 1 日的《勃伦纳》上。2 月中旬至 4 月初待在萨尔茨堡："又是一连串疾病和绝望。"3 月 19 日：兰根出版社拒绝了送交的诗集。陷入严重的精神困境，在菲克尔（因斯布鲁克的米劳）和他哥哥（伊格尔斯的霍亨堡城堡）那里寻求安慰。特拉克尔通过布施贝克打听能否在维也纳公共医院找一份工作。4 月 1 日：年轻的莱比锡出版商库尔特·沃尔夫询问是否愿意出诗集。特拉克尔寄出全部诗稿；然后，由弗朗茨·韦弗尔编出薄薄的诗选，虽然诗人一开始就提出抗议。4 月 15 日：菲克尔登载了《夜之歌》。那几首“埃利斯”诗歌发表于 5 月 1 日和 7 月 1 日的《勃伦纳》，《卡尔·克劳斯》则是在 6 月 15 日。7 月初特拉克尔在萨尔茨堡短暂停留，从 7 月 15 日至 8 月 12 日在维也纳国防部任职。7 月底：《诗集》送交书业，库尔特·沃尔夫出版社（《世界末日》丛书 7/8 辑)。8 月第 3 周：特拉克尔去威尼斯旅行，在那里与卡尔·克劳斯、阿道夫和贝西·洛斯、彼得·阿尔滕贝格、路德维希和锡西·封·菲克尔会面；逗留十二天并返回维也纳。10 月 1 日在《勃伦纳》上发表《梦中的塞巴斯蒂安》，10 月 15 日《恶之转化》。严重的精神危机：“我的生命在短短几天之内被彻底摧毁，只剩下一种无言的痛苦。”因斯布鲁克，12 月 10 日：特拉克尔唯一的一次公开朗诵，同罗伯特·米歇尔一道。自 12 月中旬：特拉克尔和涅克按时间顺序编排成熟的作品。涅克独自按场景和生活范围编辑诗歌。

1914 《梦魇与癫狂》完成并发表在 2 月 1 日的《勃伦纳》上。1 月第 1 期上刊载了《致一位早逝者》《阿尼芙》《西方之歌》《太阳》和《致沉寂者》。同汉斯·利姆巴赫谈话。3 月 1 日发表《死亡七唱》。特拉克尔尝试作为军队药剂师在重新复国的阿尔巴尼亚安下身来。3 月初：诗集《梦中的塞巴斯蒂安》的排字工作开始（库尔特·沃尔夫）。3 月 15－25 日特拉克尔在重病的妹妹格蕾特·兰根身边，柏林，维尔梅斯多夫；与埃尔泽·拉斯克尔－许勒几次相会。身心交瘁地返回因斯布鲁克。自画像完成。4 月 1 日《逝者之歌》发表于《勃伦纳》，5 月 1 日《西方》。4 月中旬在因斯布鲁克与特奥多尔·道布勒相会。为了帮助妹妹，特拉克尔向一个从前的同学请求援助；5 月 25 日此人粗暴地拒绝了请求。最严重的绝望多次爆发。5 月抄录《晚期剧本断片》。与菲克尔相聚数日，加尔达湖边的托尔波勒。5 月底：校订《梦中的塞巴斯蒂安》的长条校样（最后的出版工作）。迁居计划：特拉克尔于 6 月 8 日向尼德兰王国移民局询问在荷属印度招聘药剂师之事。《启示与没落》问世。6 月 28 日：萨拉热窝的刺杀事件。6 月至 10 月期间写出最后七首诗。菲克尔从一位资助者（路德维希·维特根斯坦）的捐款中分出两万克朗给特拉克尔。7 月 28 日：奥匈帝国向塞尔维亚宣战。8 月 6 日：与俄国断交。8 月 24 日：特拉克尔作为药品助理随一个因斯布鲁克救护队开往战场，被派到 7/14 野战医院。部队在莱姆山区远程行军。至 9 月 11 日被迫撤离东加利西亚，奥地利的前线回缩至卡尔帕滕。从格罗德克撤退的途中特拉克尔企图自杀，被战友阻止。10 月中旬：特拉克尔在利马诺瓦接到去克拉考的遣送令，以便对他的精神状态进行观察。10 月 25 和 26 日：在克拉考第 15 野战医院精神病分部，菲克尔探访特拉克尔。10 月 27 日：最后两首诗《控诉》和《格罗德克》寄给这位朋友。11 月 3 日夜晚，特拉克尔死于过量服用可卡因（心脏麻痹）。11 月 6 日：埋葬于克拉考的拉克维茨公墓。

1915 年初：最后七首诗以及《启示与没落》登载于《勃伦纳》年鉴（1915）。诗集《梦中的塞巴斯蒂安》出版，版权标注为 1914，库尔特·沃尔夫，莱比锡。

1917 11 月 21 日：格蕾特·兰根一特拉克尔自己结束了生命。

1919 由卡尔·涅克编排的《诗作》——第一部完整的诗歌全集送交库尔特·沃尔夫出版社，莱比锡。

1925 特拉克尔的骸骨运往蒂罗尔。10 月 7 日：葬于因斯布鲁克的米劳区公墓。

1939 早期诗作出版，由艾哈德·布施贝克编辑，书名为《源自金圣餐杯》，奥托·米勒出版社，萨尔茨堡和莱比锡。

1969 两卷历史一校勘本问世（诗作与书信），由瓦尔特·基利和汉斯·斯克莱纳编辑，奥托·米勒出版社，萨尔茨堡。

名人评语

埃尔泽·拉斯克尔一许勒

他的目光立得非常遥远。

他还是男童就一度在天堂。

因此他的言语出现在

蓝色和白色的云彩上。

我们为宗教而争执，

但总是像两个游戏伙伴，

准备着上帝，从嘴到嘴。

泰初有言。

诗人之心，一座坚固的城堡，
他的诗章：吟唱的论纲。

他或许就是马丁·路德。

当他投入神圣的战争，
他手持他那三重的灵魂。

——然后我知道，他死了——

他的影子不可思议地
盘桓于我的房间的傍晚。

——1915

莱纳·马利亚·里尔克

特拉克尔的形象属于利诺斯似的[①]神话形象；我凭直觉在《埃利昂》的五种现象中把握了此形象。就算它或许不是出自他自身，它或许也未必更明确……

在此期间，我得到《梦中的塞巴斯蒂安》，读过许多：感动、惊奇、猜测、茫然；因为我旋即明白，这种音韵和声响的条件独一无二，不可复得，正如一个梦可能恰恰赖以出现的那些情况。我想象，面对这些外观和内省，即使是亲近的人也总是像贴着玻璃窥探，被隔在窗外：因为特拉克尔的经历似乎进行于镜像之中，并且充塞了他的整个空间，而这个空间无法进入，如同镜中的空间。(他可能是谁?)

——致路德维希·封·菲克尔的信，1915

① 利诺斯：希腊神话传说中的一位早夭的美少年，象征植物的枯萎。

路德维希·封·菲克尔

他是一个酒徒，又是一个瘾君子，但是他从未丧失他那高贵的、经受过精神磨砺的姿态；从来没有人见过他酒醉后摇摇晃晃或多嘴多舌，尽管他那种柔和的、仿佛环绕无尽的缄默旋转的谈话方式常常在饮至夜深时奇怪地变得僵硬、尖锐、恶声恶气。但这样往往使他比旁人更痛苦，他让他言辞的短剑放射寒光，从他们的头顶闪入沉默的周遭；因为在这样的时刻，他显得具有某种简直使他的心流血的真实……

——给库特·平图斯的报道，1919

阿尔贝特·埃伦施泰因

在《梦中的塞巴斯蒂安》里面，他已经以如此巨大的激情吟唱他那首单调的歌，以至于不再有什么区别，只有这本狂热的书中的散文篇章暗示出一条突破诗歌的无法超越的完美的道路。阴郁的预言般的散文幻景让人强烈地预感到一种如今已被毁灭的发展潜力。可是人们竟让这位寂静的诗人——他与其杀人不如自杀——作为志愿兵上了屠杀战场！现在他完全寂静了。生于萨尔茨堡，死于克拉考——其间则是古老的奥地利。维也纳、因斯布鲁克和柏林有些人认识他。却很少有人知道，他是谁；很少有人知道他的作品：奥地利没有谁写过比特拉克尔更美的诗。

——《被谋杀的弟兄》，1919

特奥多尔·道布勒

我同怀着淡淡忧愁的诗人的最后一次郊游始于因斯布鲁克，沿着春天的大道，穿过村庄走向哈尔。我们那时候才真正相识；他常常谨慎地同我们碰到的小孩谈话，否则便没完没了地谈论死亡。当我们傍晚不得不停下来时，我觉得手里好像握着格奥尔格·特拉克尔送的银丝赠品：我似乎听见一些柔和的音节，细致地相互修饰，语义清楚，只有他和我明白。在冥河前我清楚地回想起这句话："死亡的方式无关紧要：死亡如此可怕，如一次坠落，以至于在它前后的一切都微不足道。我们坠入某种难以把握的黑暗之中。死去——通往永恒的瞬间——怎么可能短暂？"我问他："因此，在深奥的谈话中，在陡峭的地方，或如当生命立于高处，我们会感觉眩晕吗？"他点点头："是的！"仅仅几个月之后，格奥尔格·特拉克尔没有畏惧给他设置的坠落。谶言和跳落发生在死亡之年——1914 年——的年初和秋天。

我突然一惊并逃离冥河：就是说那跳跃落入黑色的水中！没有任何破裂？

——雅典，1921

约瑟夫·莱特格布

格奥尔格·特拉克尔的作品是一个完全封闭的、建立在自身内部的世界的图像。若是非要给这个世界命名，那么只能称之为特拉克尔一世界，它几乎是一个十足的受造物，在德语诗歌领域不可与任何其他受造物相比较。他独自创造了它，虽然材料取自我们的世界，但是像他那样改变材料，用他的本质加以浸渍，用语言加以塑造，这便造就了某种全新的、不可复制的东西。它像是德语诗歌中的一座孤岛，不管与以前的还是与他同时代的抒情诗其实并无联系。有些人指出过的波德莱尔和兰波的影响从未在任何地方渗透表层。

——《特拉克尔一世界》，1950

马丁·海德格尔

特拉克尔诗歌的多义之声来自一种汇聚，即来自一种旨在其自身的、始终不可言说的合奏。这种创作的言说之多义性不是轻率者的模糊，而是执中者的严谨，后者介入了谨慎的“公正的直观”，并顺从于这种直观。

我们常常很难把这种在其自身之中完全有把握的更多义言说——它适合于特拉克尔的诗作——与其他诗人的语言划分开来，后者的多义性出自无把握的诗的摸索之不确定，因为后者缺乏本真的诗及其位置。特拉克尔的本质上更多义的语言所独具的严谨在一种更高的意义上是如此单义，以至于它甚至无限超过仅仅科学—单义这一概念的一切技术上的精确。

——《格奥尔格·特拉克尔，对他的诗的一种阐释》，1952

弗里德里希·格奥尔格·云格尔

如果可以如此描绘基督徒的一生：他从属于某一教派，他与他的教会保持联系，并且按照其教义和习俗生活，那么，特拉克尔就不能被称作基督徒。他是基督徒，因为他是信奉基督教的祖先的后裔，他是像所有其他人一样的基督徒——在西方长大并接受基督教学校的教育。他在童年……受洗并受过坚信礼；跟其他很多人一样，这反倒结束了他与教会的关系。他回避在信仰和生活上已经变为市民的当下的一切，于是他便将自己排除于此当下之外。上帝沉默于此当下。特拉克尔金色的眼睛“在头颅位置的上方默默地”睁开。他好像沉默而冷漠地观照这个头颅位置。

——《特拉克尔的诗歌》，1964